AU CŒUR DU SUJET

LES PIRATES

▼ Pour les marins des 17e et 18e siècles, rien de plus terrifiant qu'une attaque de pirates. Dans ce tableau du peintre américain Frederick Judd Waugh (1861-1940), une horde de flibustiers résolus, armés de pistolets et de sabres aiguisés *(lire pages 20-21)*, se rue à bord d'un bateau ennemi. Rares étaient les équipages qui tentaient de repousser un assaut aussi effrayant.

AU CŒUR DU SUJET

LES PIRATES

Moira Butterfield

ROUGE & OR

L'édition originale de ce livre est parue chez Kingfisher Publications Plc sous le titre *Pirates and smugglers*

Édition : Russell Mclean
Directeur artistique : Carol Ann Davis
Fabrication : Lindsey Scott

Édition française :

Traduction-adaptation : Gilles Mourier
Réalisation : Atelier Gérard Finel
Coordination : Véronique Roberty et Marilou Pierrat

N° d'éditeur : 10129743
ISBN : 2-26140091-8
Dépôt légal : septembre 2006
Imprimé à Singapour

Sommaire

▶ Les pirates d'aujourd'hui utilisent de petites embarcations rapides pour prendre leurs victimes de vitesse. Ces bandits opèrent dans les îles Riau en Indonésie. Une fois à hauteur de leur cible, ils s'arriment avec une longue perche de bambou munie d'un crochet, avant l'abordage.

DÉCOUVERTE +

- Sites Internet et mini-bibliographie
- Métiers
- À visiter

NOTE AUX LECTEURS

Les sites Internet listés dans les pages suivantes ont été vérifiés avant la publication. Malgré tout, en raison de la nature évolutive du réseau Internet, certains contenus et adresses peuvent avoir été modifiés depuis la sortie de l'ouvrage et inclure des liens vers des sites ne convenant pas aux enfants. L'éditeur ne peut être tenu pour responsable de ces modifications et recommande fermement que les recherches sur le réseau Internet soient effectuées sous la supervision d'un adulte.

CHAPITRE 2

L'ÂGE D'OR 19

CHAPITRE 3

CONTREBANDE ET PIRATERIE AUJOURD'HUI 43

Avant-Propos

Je porte le même nom que William Bligh, capitaine du *Bounty*, le fameux navire dont les marins se sont mutinés. Rien d'étonnant à ce que je sois un jour devenu directeur général de l'Agence maritime des gardes-côtes, me direz-vous ! Comme lui, j'ai aussi été capitaine de vaisseau pendant 20 ans. Mais à sa différence, je n'ai jamais subi de mutinerie ; je n'ai jamais non plus eu affaire à des pirates !

Qu'il s'agisse du personnage de Long John Silver dans *L'Île au trésor* de Robert Louis Stevenson, ou du capitaine Jack Sparrow dans le film *Pirates des Caraïbes*, on tend à croire que les pirates, loin d'être de méchants bougres, se contentaient de rechercher des trésors aux frontières de la légalité.

Comme vous allez toutefois le découvrir, l'histoire de la piraterie et de la contrebande est avant tout l'histoire de scélérats. Du capitaine Morgan à Barbe-Noire, jusqu'aux femmes pirates Anne Bonny et Mary Read, elle regorge d'atroces individus, même si leurs aventures sont palpitantes.

Les pirates menaient en réalité une existence à la pointe de l'épée. De nombreux innocents ont perdu leur vie entre les mains de ces canailles prêtes à tout qui, pour un peu d'or, recouraient au vol, au meurtre, et même, durant les guerres napoléoniennes, à la haute trahison, vendant les secrets de leur patrie à des espions.

L'Agence maritime des gardes-côtes fut, elle, instituée en réponse aux contrebandiers qui écumaient les mers autour de la Grande-Bretagne, aux 18e et 19e siècles.

Sur les côtes britanniques, ces jours épouvantables sont heureusement passés – mais la piraterie demeure un grave problème dans d'autres parties du monde, particulièrement au sud de la mer de Chine et dans le détroit de Malacca, dans certaines zones des Antilles et de l'Amérique du sud, en Afrique orientale et occidentale, et dans l'océan Indien. Les fusils remplacent les sabres et les pirates s'attaquent désormais à d'importantes voies commerciales. Cette activité moderne menace les échanges internationaux, les économies nationales et, plus essentiellement, la vie des marins.

Loin d'être inoffensifs, les pirates modernes sèment le chaos et la terreur. Leur lien avec le terrorisme apparaît de plus en plus évident. Les pillages maritimes à main armée sont en augmentation constante. L'autre risque qui s'accroît est celui de voir des vaisseaux abordés et détournés par des terroristes, susceptibles de s'en servir comme moyens d'attaque contre d'autres navires, voire contre l'environnement. Trafic de drogue et terrorisme : on est bien loin de la quête romanesque de trésors sur des îles désertes.

La piraterie n'a, de nos jours, rien perdu de son actualité. C'est le grand mérite de cet ouvrage d'en présenter non seulement le riche passé, mais également l'évolution moderne. Je vous souhaite une excellente lecture.

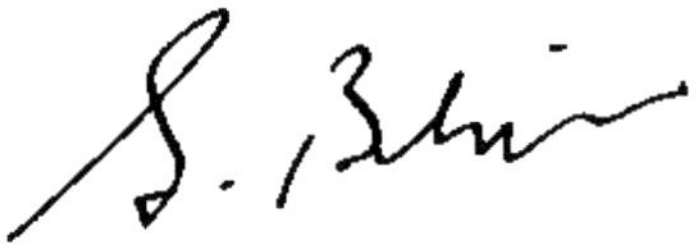

Le Capitaine Stephen Bligh est directeur général de l'Agence maritime des garde-côtes.

CHAPITRE 1

Les premiers pirates

Le mot « pirate » évoque un individu extravagant, vêtu d'un habit à jabot, armé d'un sabre d'abordage, appuyé peut-être sur une jambe de bois et arborant un cache-œil. Cette image nous vient du 17e siècle, qui ne représente qu'un court instant de la longue histoire de la piraterie. Des milliers d'années durant, l'homme a franchi les océans à bord de navires chargés de cargaisons précieuses. Des cibles privilégiées pour les pirates fréquentant ces mêmes mers, à la recherche de profits. L'Égypte ancienne a subi les attaques des « gens des mers » dès le 13e siècle avant notre ère. Les Grecs et les Romains de l'Antiquité devaient aussi affronter les pirates. Au Moyen Âge, l'accroissement du trafic maritime a également accru le crime maritime.

Cette mosaïque dépeint le dieu grec Dionysos sous la forme d'un lion, repoussant les pirates de son vaisseau (voir page 8).

L'Antiquité

De grandes civilisations ont vu le jour à partir de 2500 av. J.-C. autour de la Méditerranée, cette mer qui, de plus en plus, allait permettre de transporter des denrées telles que céréales et huile d'olive. Les marins craignaient le large et les vaisseaux marchands naviguaient près des côtes. Mais le danger d'être attaqué par les pirates, cabotant eux aussi près des rivages, était grand. Ils guettaient les navires de passage pour faire main basse sur leur cargaison.

Trafic d'hommes et de denrées
Dans l'Antiquité, le trafic d'esclaves était florissant. Les pirates méditerranéens gagnaient d'importantes sommes d'argent en enlevant les habitants des villages côtiers pour les vendre en tant qu'esclaves – les plus fortunés étant rendus à leur famille moyennant une forte rançon. Une légende de la mythologie grecque raconte qu'une bande de pirates s'empara de Dionysos, le dieu du vin *(lire page 7)*. Celui-ci, se métamorphosant alors en lion, obligea les pirates terrorisés à se jeter par-dessus bord. Pour les punir, Dionysos les changea en dauphins.

Vaisseau marchand romain

► En Méditerranée, une galère de pirates attaque un vaisseau marchand transportant une précieuse cargaison égyptienne de céréales destinée à Rome. Ce type de vaisseau, lent et lourd, actionné par la seule force du vent, ne peut rivaliser avec les nefs rapides des pirates. Pour couler les vaisseaux ennemis, on arme les galères d'une poutre de bois renforcée de cuivre à l'avant du navire.

La plupart des vaisseaux marchands n'avaient qu'un équipage réduit et un faible armement.

◄ Jeune homme, Jules César (100-44 av. J.-C.) fut pris en otage par les pirates de Cilicie. Il fut libéré contre paiement d'une rançon. Pour se venger, il poursuivit ses agresseurs et les fit exécuter.

◀ Ce vase grec date du milieu du 6e siècle av. J.-C. On y voit un des vaisseaux de guerre bâtis par les Grecs pour combattre les pirates de la Méditerranée.

Des pirates utiles

Pour résoudre le grave problème de la piraterie, les anciens Grecs bâtirent des vaisseaux de guerre capables de lutter contre ces adversaires. À d'autres moments cependant, les cités-états de la Grèce en guerre l'une contre l'autre, encouragèrent ces mêmes pirates à attaquer la flotte ennemie. C'est l'un des premiers exemples de gouvernements recourant délibérément à la piraterie contre leurs adversaires.

Rome contre les pirates

Durant son expansion, l'Empire romain décida d'écraser les pirates de la Méditerranée qui menaçaient les importations de céréales venues d'Égypte, vitales pour Rome. Vers le 1er siècle av. J.-C., la région de Cilicie, en Turquie moderne, en était infestée. On les repoussa d'abord vers l'Orient. En 67 av. J.-C., Pompée (106-48 av. J.-C.) attaqua leurs quartiers généraux et les extermina.

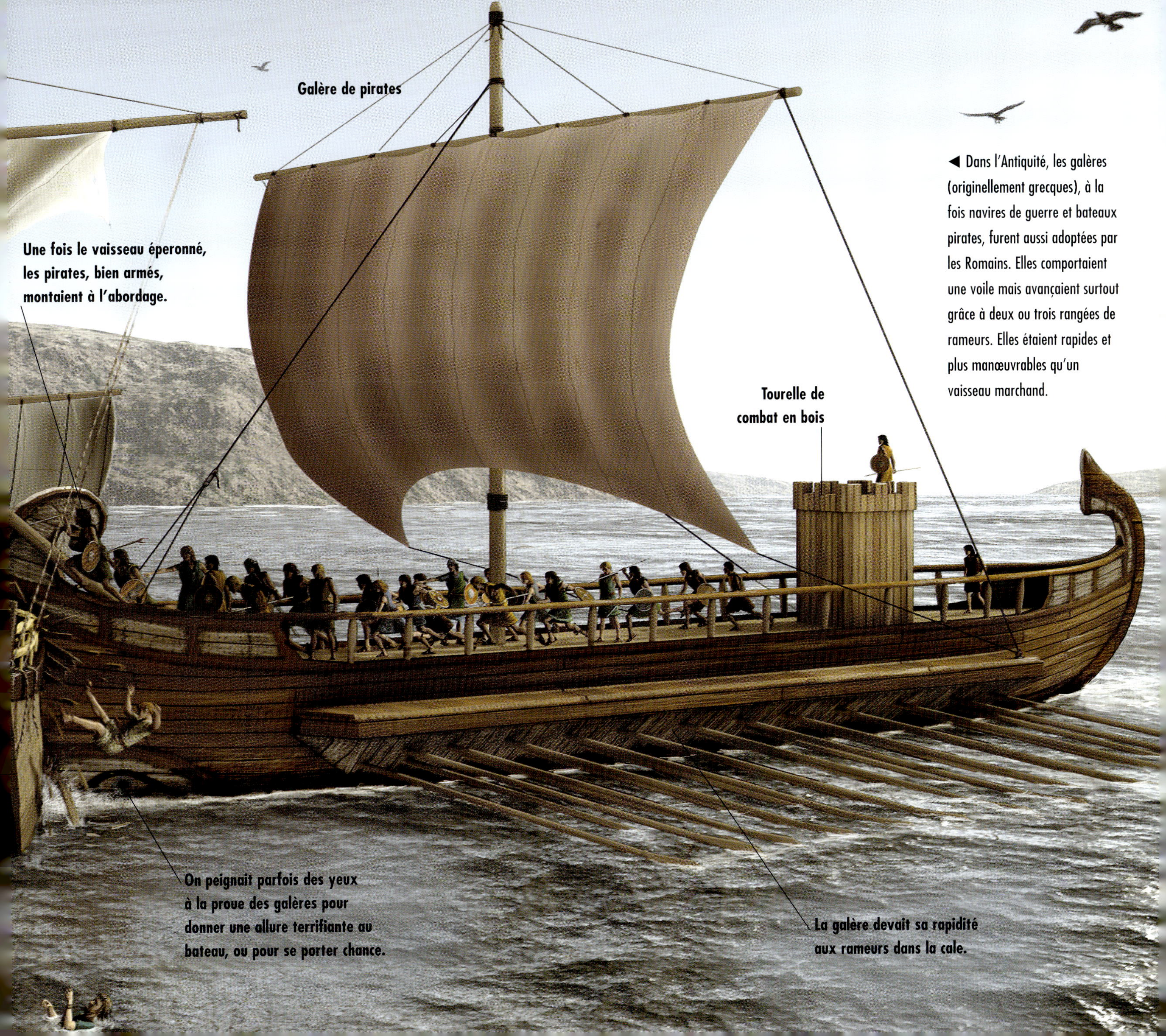

◀ Dans l'Antiquité, les galères (originellement grecques), à la fois navires de guerre et bateaux pirates, furent aussi adoptées par les Romains. Elles comportaient une voile mais avançaient surtout grâce à deux ou trois rangées de rameurs. Elles étaient rapides et plus manœuvrables qu'un vaisseau marchand.

▼ Une flotte de vaisseaux de guerre vikings – des drakkars –, navigue vers la côte septentrionale de l'Angleterre, prête à mettre à sac une église chrétienne, à la recherche de trésors. La première attaque de ce type eut pour cible l'île de Lindisfarne en l'an 793 de notre ère. Durant ces raids, les Vikings s'emparaient également des habitants pour en tirer rançon, ou les vendre comme esclaves.

Une menace venue du Nord

Le 5e siècle de notre ère vit la disparition de l'Empire romain. La piraterie fleurit de plus belle durant les siècles suivants. En Europe du Nord, arrivant par mer ou remontant les fleuves, des barbares pillaient avec férocité les navires et les communautés côtières, frappant d'effroi les populations par la violence de leurs attaques éclair.

Des planches chevauchées, maintenues par des clous d'acier, donnaient aux drakkars la force d'affronter le large.

Pillards vikings

Les Vikings venant de Scandinavie étaient les plus redoutés de ces envahisseurs. Entre les 8e et 9e siècles, ils menacèrent les côtes d'Europe septentrionale. Marins experts, ils s'aventuraient très loin au large puis remontaient les fleuves, s'emparant par surprise de villes et de villages jusque dans les terres. Avant que les habitants n'aient eu le temps de cacher leurs objets précieux, ces farouches guerriers étaient déjà sur le rivage, prêts à tuer et à voler. Chez les Vikings, la fortune se mesurait à la quantité de métal possédé. Ils appréciaient particulièrement les églises et les monastères chrétiens pour leurs trésors, ensuite fondus en joyaux ou en lingots. Il leur arrivait même de les réduire en morceaux pour s'en servir de monnaie.

L'histoire du moine pirate

Souvent en guerre l'une contre l'autre, la France et l'Angleterre du Moyen Âge ne châtiaient pas les pirates s'ils s'attaquaient à l'ennemi. L'un d'eux, Eustache Le Moine (1170-1217), ancien prêtre protégé par le roi Jean d'Angleterre qui régna de 1199 à 1216, harcelait ainsi les navires français dans la Manche. Puis il passa au service des Français contre l'Angleterre, qui finit par s'en emparer et le décapiter sur son propre vaisseau.

Barbares baltes

Au 16e siècle, la mer Baltique devint une zone de grande importance commerciale. Plusieurs de ses ports s'unirent pour former une puissance commerciale appelée Ligue hanséatique, dont les lourds vaisseaux furent bientôt la proie des pirates. L'un des plus célèbres d'entre-eux, Klaus Störtebeker, terrorisa la région durant les années 1390, avant d'être finalement capturé en 1402. Transféré à Hambourg, en Allemagne, avec 70 de ses hommes, il y fut exécuté.

▲ Le nom du pirate balte Störtebeker (mort en 1402) signifie « en une goulée ». Pour faire partie de son équipage, le marin devait en effet boire un énorme broc de bière d'un seul trait.

Des corsaires esclavagistes

Aux 16e et 17e siècles, la Barbarie, actuelle Afrique du Nord, appartenait à l'Empire ottoman qui laissait des corsaires musulmans appareiller des ports de la Méditerranée pour attaquer les colonies et les vaisseaux marchands chrétiens. Ils étaient à la recherche d'une denrée précieuse : des chrétiens à vendre comme esclaves. On estime que durant ces deux siècles, près d'un million d'Européens ont ainsi été enlevés et réduits en esclavage par ceux qu'ils appelaient les Barbaresques.

▲ Certains chefs corsaires, tels les frères Barberousse, ont accumulé des fortunes fabuleuses. Ils disposaient de leurs propres palais et de puissantes flottes de galères. Ce tableau représente Khayr al-Din (1470-1546), le plus jeune des deux frères, qui devaient leur sobriquet à la teinte de leur barbe lorsqu'ils étaient jeunes.

Hauts lieux de la piraterie
Les villes d'Alger, de Tunis et de Tripoli étaient les places-fortes des corsaires ; on y trouvait également les marchés aux esclaves que ces pirates approvisionnaient. Mais certains marins chrétiens prenaient eux aussi part à ce commerce lucratif. Parmi les plus célèbres capitaines corsaires, on compte les frères Barberousse et Murat Raïs (1535-1638) – qui firent voile jusqu'en Irlande pour piller les villages côtiers, déporter la population locale, ne laissant derrière eux que des désolation.

Galères des corsaires
Les corsaires commandaient des galères rapides et maniables, à voilure triangulaire, pour fondre sur leurs proies. Des esclaves nus en actionnaient les rames sous le fouet et les coups de soldats musulmans appelés janissaires. À l'avant de la galère, un canon armé permettait de tirer sur l'ennemi tout en n'offrant à ce dernier qu'une cible fort étroite. Une fois que la galère avait rattrapé son adversaire, les janissaires se ruaient à son bord pour un combat au corps à corps.

◀ Des prêtres chrétiens (à gauche) ont souvent tenté de racheter les esclaves auprès des corsaires qui les vendaient sur les marchés de la côte de Barbarie.

Esclaves en masse

Les corsaires musulmans vendaient leurs captifs sur les marchés aux esclaves de la côte d'Afrique du Nord, ou les contraignaient à ramer sur leurs propres galères. La vie d'un esclave galérien était pénible et brève, il fallait sans cesse renouveler les rangs des galères. On dit ainsi qu'à une époque, il se trouvait tant d'esclaves chrétiens à Alger qu'on pouvait en acquérir un pour un oignon.

Chevaliers pirates

Les vaisseaux marchands et les corsaires musulmans étaient souvent poursuivis par des marins chrétiens sous le commandement des chevaliers de Saint-Jean, ordre chrétien qui combattait l'islam, religion des Barbaresques. D'abord soutenus par les souverains occidentaux, ces chevaliers combattirent ensuite en leur nom propre. Les esclaves musulmans qui ramaient sur leurs galères étaient traités tout aussi durement que les chrétiens aux mains des Barbaresques.

▼ Ce tableau de 1670 montre une flotte de vaisseaux marchands hollandais attaqués par des corsaires barbaresques. Sur une galère, au premier plan, les corsaires à la proue (avant) et à la poupe (arrière) tirent des flèches contre un navire hollandais. Les galères, rapides et maniables, étaient capables de brusques pointes de vitesse, du moins tant que leurs rameurs esclaves pouvaient les soutenir.

Des corsaires pilleurs

Au 16e siècle, les nations européennes se battirent pour conquérir de nouvelles terres et en rapporter de précieuses cargaisons. Principale exploratrice, l'Espagne, puissant pays catholique, disposait de riches colonies aux Antilles, en Amérique centrale et en Amérique du Sud. Ses adversaires, protestants, s'efforçaient de mettre à mal son commerce, en engageant des capitaines de vaisseau privés pour attaquer les navires espagnols. Ces pirates sous contrat étaient appelés corsaires.

▼ Pour les Anglais, Sir John Hawkins (1532-1595), vainqueur de la flotte espagnole, était un véritable héros. Pour d'autres, c'était un criminel à l'origine de la traite négrière entre l'Afrique et l'Amérique du Nord : il vendait des esclaves d'Afrique aux colonies espagnoles.

Lettres de marque
Les souverains européens établissaient des lettres de marque (ou lettre de course) – des contrats en bonne et due forme, par lesquels le monarque louait un vaisseau avec son équipage pour attaquer le commerce maritime de ses ennemis. Cet acte autorisait la piraterie, en garantissant en outre que le souverain recevrait aussi une partie du butin saisi. On faisait ainsi la guerre à peu de frais, tout en dégageant des bénéfices.

Conçus pour la course
Les vaisseaux corsaires étaient plus maniables et plus rapides que les lourds galions espagnols *(lire pages 16-17)*. Quelques bordées de canon évitaient souvent un combat au corps à corps.

Les corsaires, ces héros
Les souverains récompensaient largement leurs corsaires. Francis Drake (1540-1596) fut ainsi anobli par la reine Elizabeth I pour ses attaques de vaisseaux espagnols. En 1588, l'immense flotte espagnole, appelée Invincible Armada, s'élança à la conquête de l'Angleterre. Des corsaires tels que Drake et Hawkins contribuèrent à la défaite espagnole et devinrent des héros. Plus d'un siècle plus tard, Louis XIV honora les corsaires français Jean Bart et René Duguay-Trouin pour leurs attaques contre les Anglais.

▼ Les corsaires contribuèrent à la défaite de l'Invincible Armada espagnole. S'appuyant sur leur expérience et leur connaissance de la côte anglaise, ils déjouèrent les plans de l'ennemi, aidés par les conditions météorologiques.

Du corsaire au pirate
Les puissances maritimes de l'Europe ne furent pas toujours en guerre durant le 16e siècle. Les corsaires n'avaient le droit d'agir qu'en temps de conflit, mais ils ne se privèrent pas d'attaquer des vaisseaux en temps de paix. L'appât du gain était en effet irrésistible. La reine Elizabeth I choisit le plus souvent de ne pas tenir compte de ces activités illégales chez ceux qu'elle nommait ses « chiens de mer ». En fait, de manière officieuse, elle soutenait même leurs attaques, qui lui rapportaient des gains appréciables.

▶ Des corsaires français, René Duguay-Trouin (1673-1736) est sans doute le plus célèbre. Il captura 16 vaisseaux de guerre et plus de 300 vaisseaux marchands durant les 23 années de sa carrière.

◀ Les pièces espagnoles proviennent de l'épave d'un vaisseau pirate appelé *le Whydah (lire page 58)*. Peut-être avaient-elles été dérobées à un galion espagnol ?

BAHAMAS
La Havane
GOLFE DU MEXIQUE
CUBA
Santiago de Cuba
JAMAÏQUE
Port Royal
Belize
AMÉRIQUE CENTRALE
Carthagène
Portobelo

La mer des Caraïbes

La zone qui porte le nom de mer des Caraïbes englobait les colonies espagnoles des Antilles, d'Amérique centrale et des côtes septentrionales de l'Amérique du sud. Sa richesse était légendaire et les galions qui y croisaient pour rapporter ses trésors en Espagne devinrent la cible privilégiée des corsaires durant le 16e siècle.

Terres de trésors
Entre 1520 et 1530, les envahisseurs espagnols, appelés conquistadors, soumirent avec violence les nations aztèque et inca d'Amérique centrale et d'Amérique du sud. Ils accaparèrent sans scrupule la fortune des indigènes et découvrirent d'importantes réserves de métaux précieux. Grâce au travail d'esclaves issus des territoires conquis, comme l'Afrique occidentale, des quantités colossales d'argent furent extraites et convoyées vers l'Espagne.

La traversée du retour
Les vaisseaux solitaires se révélant vulnérables, les Espagnols cherchèrent la sécurité. Aussi, une fois l'an, une immense flotte comprenant jusqu'à 100 navires appareillait pour rapporter ses trésors vers l'Espagne. Robustes et solidement armés, ces galions étaient cependant lents et peu manœuvrables. Des corsaires parcouraient donc la mer des Antilles à l'affût de quelque navire lourdement chargé, détaché du groupe pendant la nuit ou après une tempête.

◄ Les Espagnols firent main basse sur de fabuleux trésors d'or et d'argent, comme cette figurine mexicaine en or. Ils fondirent la plupart de ces métaux pour frapper des pièces de monnaie. Les pièces d'argent s'appelaient des pesos ; les pièces en or, des doublons.

► Ce tableau représente des pirates à bord d'une barcasse sur le point d'aborder un lourd et lent vaisseau chargé de lourds trésors, dans la mer des Antilles.

Galions engourdis

Les galions filaient allègrement par vent arrière, mais se montraient bien plus lents vent debout (face aux vents) : une chance pour les corsaires qui pouvaient alors aisément les rattraper. Une fois le navire pris au piège, le corsaire faisait donner du canon pour le forcer à se rendre. Si le combat au corps à corps était inévitable, la chance était souvent du côté des Espagnols, bien mieux armés – de mousquets, d'épées et de poignards.

Sus aux pirates !

Entre 1540 et 1550, des pirates français, basés en actuelle Floride, attaquaient souvent les galions espagnols, comme l'avait fait le célèbre Jean Fleury. Un aristocrate espagnol, Pedro de Menéndez de Avilès (1519-1574), fut dépêché pour les combattre. Il s'empara en 1565 du Fort Caroline, leur place-forte, alors que les pirates se trouvaient en mer. Les habitants furent massacrés et les pirates exécutés à leur tour une fois capturés par les Espagnols.

▼ La mer des Caraïbes est une vaste aire englobant les nombreuses îles des Antilles, telles Cuba et Hispaniola (aujourd'hui Haïti et la République Dominicaine). Cette carte du 16e siècle en montre les ports principaux.

IMPORTANT À RETENIR ! LES PREMIERS PIRATES

Les Vikings pillaient les églises chrétiennes qui renfermaient souvent des trésors de grand prix, commme la reliure de ce livre, ornée de joyaux.

Pirates et esclavage

Depuis que le commerce maritime existe, des pirates ont toujours fait régner la terreur. Des milliers d'années durant, ils se sont attaqués aux navires transportant des cargaisons précieuses, pillant également villages et villes côtières.

Depuis l'antiquité, ils se livraient à la traite des êtres humains. Grecs et Romains, Vikings, corsaires barbaresques et européens… tous se sont enrichis en capturant et en vendant en esclavage des êtres humains arrachés à leurs domiciles, ou capturés à bord de navires. On réclamait à la famille des plus riches une rançon pour leur libération, mais les pauvres étaient livrés en pâture à ce commerce grandement lucratif.

Monarques et pirates

Depuis toujours, reines et rois ont employé des corsaires pour leurs propres fins, les soutenant en leur confiant des vaisseaux, en les autorisant à attaquer les navires ennemis et en s'appropriant souvent une partie de leurs prises. Au 16e siècle, le lien entre souverains et corsaires était particulièrement fort. Les pays occidentaux entraient en guerre pour des raisons religieuses mais aussi pour tenter d'anéantir le commerce outre-mer de leurs adversaires et les empêcher de coloniser de nouvelles terres. Des monarques tels que la reine Elizabeth I d'Angleterre encourageaient ces corsaires en leur remettant des lettres de marque.

La mer des Antilles

L'Amérique centrale, le nord de l'Amérique du sud et les îles des Antilles – la mer des Caraïbes – constituèrent un foyer de piraterie tout au long du 16e siècle. Les Français et les Anglais y dépêchaient des corsaires pour attaquer les galions espagnols chargés de cargaisons d'or et d'argent. Ces corsaires, héros dans leur pays d'origine, n'étaient aux yeux d'autres nations que d'impitoyables criminels.

DÉCOUVERTE +

… sur les vaisseaux vikings, visitez ce site : www.voile.org/vamag/histoire/bateauxvikings.htm

… sur les pirates en général, une importante encyclopédie de la piraterie et un roman consacré aux flibustiers, à lire en ligne : www.kiss.qc.ca/

Rome à l'apogée de l'empire : la vie quotidienne, Jérôme Carcopino (Livre de Poche)

Une bande dessinée : *Isaac le pirate*, Christophe Blain (Dargaud)

Robinson Crusoé, Daniel Defoe (Rouge & Or)

L'archéologue étudie le passé en fouillant des sites historiques d'où il dégage ruines et objets avec d'infimes précautions.

L'archiviste conserve et catalogue des documents anciens.

Le **conservateur** est un technicien particulièrement formé à la préservation d'objets historiques, au moyen d'outils spécialisés et de produits chimiques.

Le **conservateur de musée** est en charge d'un département de musée, où il veille à ce que les objets en vitrine soient conservés dans un environnement garantissant leur préservation.

Voyagez à bord du Renard, le dernier bateau corsaire armé par Robert Surcouf :
Association du Cotre Corsaire
Grande Porte Tour Ouest BP165
35408 Saint-Malo Cedex
Tél. : 0299405310
www.cotre-corsaire-renard.com

Visitez Rome, capitale de l'Italie, regorgeant de ruines antiques et de musées; son port s'appelle Ostie.

Remontez le temps en visitant le village viking à l'origine de la ville de Dublin, en Irlande. Camp, demeure du forgeron, salle des fêtes, et même un superbe vaisseau vous y attendent : www.grouptrotter.net/ireland/places/viking/viking2.html

Scène tirée du film hollywoodien *Barbe-Noire le pirate,* de Raoul Walsh, qui se déroule durant la période dite de l'âge d'or.

CHAPITRE 2

L'âge d'or

Rapide et racée, une frégate surgit du brouillard derrière un vaisseau marchand trapu, alourdi par sa cargaison précieuse. Une bande de pirates assoiffés de sang se précipite à bord sous les ordres d'un capitaine à demi fou… Cette scène, fréquemment représentée au cinéma, semble bien être le reflet de la réalité rapportée par les récits de témoins oculaires durant l'âge d'or de la piraterie (entre 1690 et 1730, environ), sur les côtes américaines et dans l'océan Indien. Les chroniques de cette époque mentionnent des brigands hors du commun, tels l'intrépide Barbe-Noire et le rusé capitaine Morgan. Ces coupe-jarrets deviennent alors des célébrités, dont les aventures fascinent et scandalisent les lecteurs européens. L'imagination des romanciers s'est ensuite emparée de leurs prouesses pour créer l'image populaire du pirate.

Les boucaniers

Des années durant, les Espagnols s'efforcèrent d'empêcher d'autres nations de s'installer dans les Antilles. Pourtant, au début du 17e siècle, un groupe d'anciens marins français s'installa sur l'île d'Hispaniola. Ce groupe misérable de chasseurs sans foi ni loi sera à l'origine de l'âge d'or de la piraterie. Ils fumaient le produit de leur chasse, tout comme les Indiens des Caraïbes (dans leur langue, boucan signifiait viande fumée) – d'où leur nom de boucaniers. Lorsque l'Espagne voulut les expulser, ils devinrent pirates, attaquant vaisseaux et colonies côtières espagnoles.

▲ La cruauté des boucaniers est légendaire. On raconte qu'un jour, le français François l'Olonnais (1635-1669) arracha le cœur d'un prisonnier pour l'enfoncer dans la bouche d'un autre.

▼ Henri Morgan, capitaine d'origine galloise, devint corsaire. Sa lettre de marque stipulait qu'il devait payer au souverain britannique une partie de ce qu'il capturait en mer. Pour contourner cette obligation, il attaquait les villes côtières. On le voit ici en train de piller la ville de Portobelo, à Panama, en 1668, exigeant d'un prisonnier qu'il lui indique l'emplacement du trésor.

L'île aux pirates

Lorsque les boucaniers furent expulsés d'Hispaniola (Haïti et la République de Saint Domingue aujourd'hui), ils s'installèrent dans l'île voisine de la Tortue *(voir carte page 17)*. Malgré les efforts des Espagnols pour anéantir leur place forte, leur nombre s'accrût, car ce refuge attirait esclaves en fuite, flibustiers (noms des pirates des Caraïbes aux 17e et 18e siècles) aventuriers.

Naissance des légendes

L'île de la Tortue devient l'un des repères de pirates les plus célèbres des Antilles, administrée comme une république, sous le commandement de capitaines audacieux et sans pitié. *L'Histoire des aventuriers flibustiers*, du chirurgien pirate Alexandre Exquemelin (1645-1707), décrit les chasses au trésor, les atrocités ainsi que les évasions audacieuses. L'auteur explique comment les flibustiers s'en revenaient à la Tortue avec leur butin pour festoyer et préparer d'autres rapines. Son ouvrage connut un immense succès au 17e siècle et forme la base des connaissances actuelles sur ces pirates.

Un boucanier gallois
Le gouvernement anglais de l'époque, considérant les navires corsaires comme une flotte de guerre officieuse pour s'approprier des terres, accorda une lettre de marque à Henri Morgan (1635-1688), un boucanier célèbre. Les pillages que ce dernier lança contre les colonies espagnoles dans les années 1660 lui rapportèrent une fortune. Il fut anobli par la couronne britannique et devint gouverneur de la Jamaïque en 1674.

Vaisseau explosif
Henri Morgan disposait d'une véritable flotte. Alors qu'il tenait un jour une réunion avec ses capitaines, sur l'un de ses vaisseaux de guerre, l'*Oxford,* une étincelle enflamma accidentellement un baril de poudre. Celui-ci explosa soudain, tuant 350 hommes. Morgan en réchappa miraculeusement. En 2004, des plongeurs ont repéré les vestiges de l'*Oxford* près des côtes d'Haïti.

▼ À l'origine, les chasseurs français se servaient d'un sabre pour tuer les animaux qu'ils capturaient sur Hispaniola. Court et facile à transporter, il devint l'arme favorite des pirates. Cette illustration d'un combat au sabre d'abordage date de 1685.

À l'époque de Barbe-Noire

La paix s'installa en Europe entre la fin du 17e siècle et le début du 18e siècle et les corsaires des Antilles et des côtes américaines perdirent leurs soutiens officiels. Ils n'en demeurèrent pas moins pirates pour continuer à s'enrichir. Certains, tels le fameux Barbe-Noire, pillaient les vaisseaux marchands des Caraïbes, d'autres s'attaquaient aux navires négriers sur la côte occidentale de l'Afrique. D'autres encore faisaient voile jusque dans l'océan Indien pour s'emparer de vaisseaux sur les voies commerciales entre l'Inde et l'Extrême-Orient. Ce trajet conduisant des Amériques à l'océan Indien par l'Afrique était appelé « tournée du pirate ».

► La tournée du pirate conduisait les bateaux de l'Amérique du Nord à travers l'Atlantique, où ils s'attaquaient aux vaisseaux négriers au large de l'Afrique. Les pirates passaient ensuite par le cap de Bonne-Espérance, puis dans l'océan Indien, avant de rentrer chez eux.

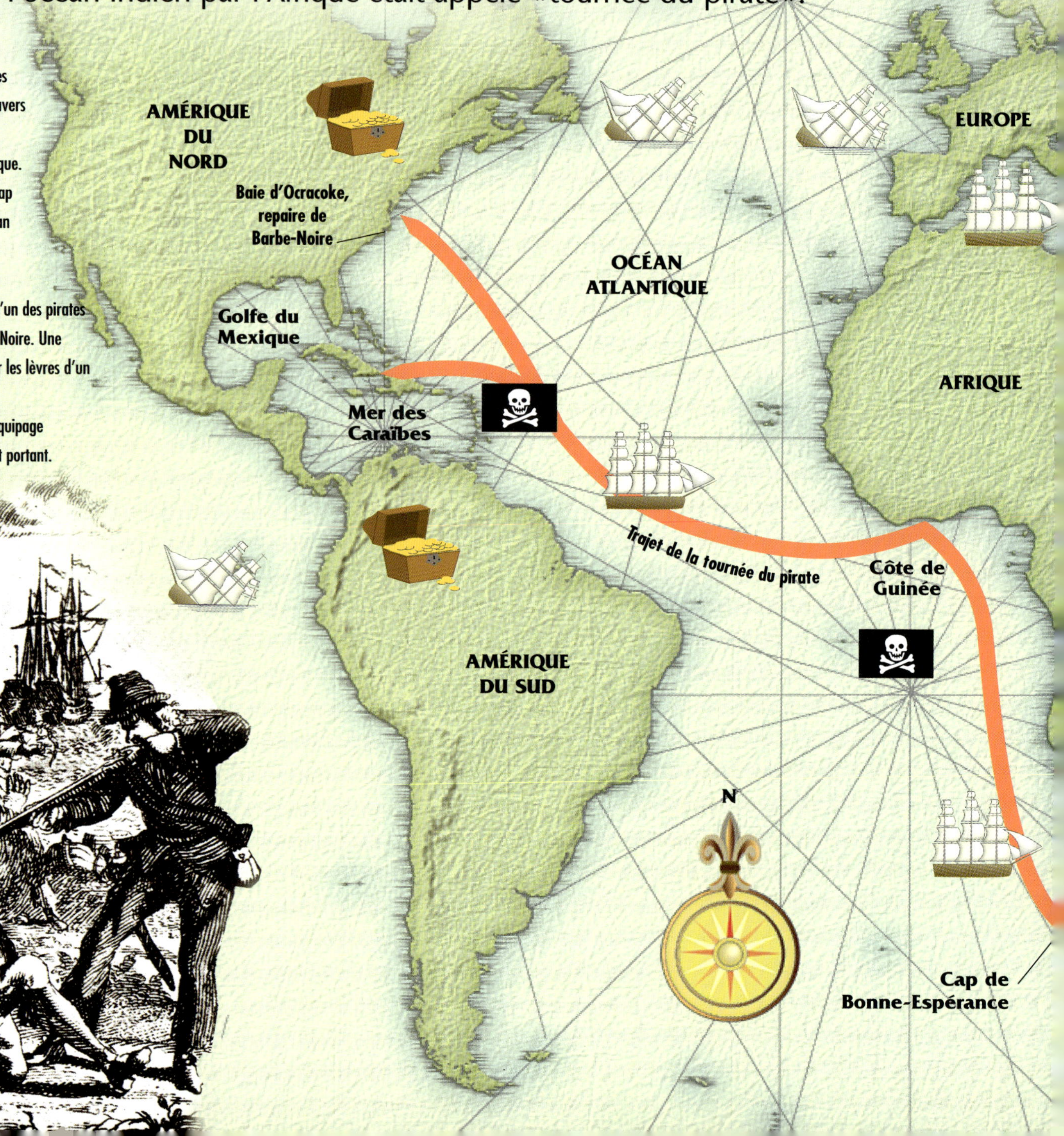

▼ Edward Low (mort en 1724) fut l'un des pirates les plus cruels de l'époque de Barbe-Noire. Une légende affirme qu'il trancha un jour les lèvres d'un homme avant de les faire cuire. On voit ici un des membres de son équipage exécuter sans pitié un homme à bout portant.

Vaisseaux de l'âge d'or

Pour les longs périples sur l'océan, les pirates de l'âge d'or préfèraient les trois mâts à voile carrée. Pour le cabotage en eaux peu profondes, les sloops étaient plus indiqués. Ils étaient rapides et maniables et leur voile triangulaire avant était rattachée à un beaupré, long mât à la proue. Sitôt la proie repérée, les pirates l'approchaient par la poupe (en arrière) pour éviter les canons, habituellement postés sur les flancs du navire.

Barbe-Noire l'infâme

Barbe-Noire est le plus célèbre pirate de cette époque, bien qu'il n'ait commis ses méfaits que pendant deux ans. Anglais d'origine (il s'appelait probablement Edward Teach), il parcourait les Antilles et le Golfe du Mexique à bord d'un vaisseau négrier français, s'emparant de ses proies pour les emporter dans son repaire d'Ocracoke, en Caroline du Nord. Soudoyant les autorités locales, il vendait alors son butin aux populations environnantes.

Mort d'une légende

Barbe-Noire se sentait à l'abri dans les eaux peu profondes de son repaire d'Ocracoke. Cependant, fin 1718, le gouverneur anglais de la Caroline du Nord dépêcha une expédition pour le capturer. Sous les ordres de Robert Maynard, les Britanniques s'emparèrent de la flotte des pirates et, dans la bataille sanglante qui s'ensuivit, Barbe-Noire fut tué. Plus tard, sa tête fut suspendue au beaupré du sloop de Maynard *(lire page 32)*.

▼ Lors des assauts, Barbe-Noire terrifiait ses ennemis en allumant des mèches de poudre à canon dans sa barbe noire – d'où son surnom. Avec son équipage il s'enivrait d'un mélange de rhum et de poudre à canon. Il lui arrivait de tuer des membres de son équipage pour leur rappeler qu'il était le maître, dit-on.

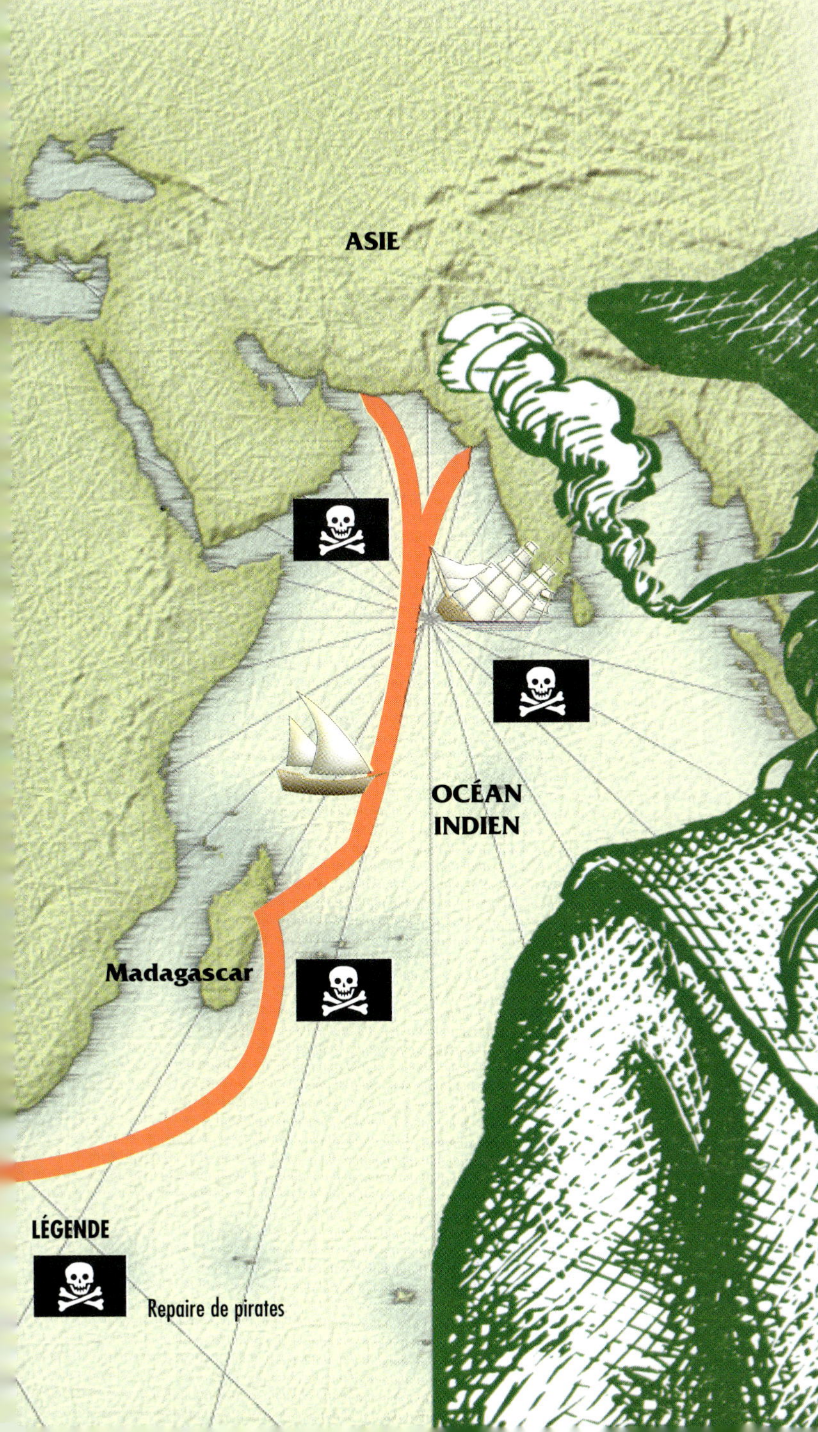

Les attaques de pirates

Les capitaines des pirates n'étaient pas à court de stratégies pour mettre la main sur leur butin : prendre les équipages par surprise, leur faire de trompeuses promesses ou les menacer d'aborder en nombre… ce qu'ils n'hésitaient pas à faire à terme. Et rien ne terrifiait autant le cœur d'un marin que la vue d'un groupe de pirates armés jusqu'aux dents, prêts à escalader le flanc de son navire.

▲ S'étant approchés de leur ennemi, des pirates se jettent à l'abordage d'un galion espagnol. La perspective d'un riche butin leur faisait braver la mort, armés de sabres et de fusils.

Bataille sanglante

À la fin du 17e et au début du 18e siècles, la vie en mer était particulièrement dangereuse pour les marins. Les conditions de vie étaient rudes, l'océan était dangereux et l'espérance de vie fort brève. Les pirates étaient réputés pour leur manque de pitié vis-à-vis de ceux qui osaient leur résister. Les combats au corps à corps étaient âpres et sanglants et nombreux étaient ceux qui y trouvaient la mort.

Tactiques d'abordage

Les pirates préfèraient amener leurs victimes à se rendre par la peur. S'ils devaient malgré tout aborder le navire, ils utilisaient des grappins – crochets de métal au bout de longues cordes –, qu'ils lançaient dans le gréement du bateau convoité pour le rapprocher du navire pirate. Ils jetaient alors des grenades de goudron pour créer la confusion, mettant le feu aux voiles et aux gréements et provoquant une épaisse fumée. La plupart des marins marchant pieds nus, ils jetaient ensuite sur le pont des chausse-trapes (fragments de métal pointu). Ayant pris pied sur le vaisseau, les pirates combattaient à coups de sabres, de pistolets, de mousquets, de haches et de poignards.

◀ Comme le capitaine Jack Sparrow dans le film *Pirates des Caraïbes*, les pirates de l'âge d'or revêtaient souvent les habits et les bijoux dérobés à leurs riches captifs. Ils aimaient ressembler à d'opulents aristocrates pour montrer leur réussite.

▶ Cette scène d'action tumultueuse représente la bataille où Barbe-Noire trouva la mort (voir page 23) en 1718. Durant l'assaut, les explosions et les coups de feu ajoutaient à la confusion. Un boulet crevant le pont du navire projetait de mortels éclats de bois dans toutes les directions.

La piraterie ou la mort
Les membres de l'équipage vaincu recevaient alors le choix de se joindre aux pirates ou de mourir. Sans surprise, ils étaient nombreux à opter pour la première solution ! Par certains côtés, cette existence était même meilleure que la vie de marin. Le poids de l'autorité se faisait moins sentir ; on avait des chances de s'enrichir ; et on festoyait des jours durant. Quand ils capturaient un officier, les pirates se renseignaient sur la manière dont il traitait ses hommes. S'il avait été cruel, il recevait la monnaie de sa pièce.

Jolly Roger
Le pavillon noir des pirates est le symbole le plus connu de la piraterie : orné d'une tête de mort et d'os croisés (tibias), il flottait au grand mât. On le hissait pour indiquer au vaisseau pourchassé qu'on ne ferait pas de quartier. Il était à l'origine couleur de sang, ce qui lui a valu le nom de « joli rouge ». Le « e » de rouge accentué par le parler grossier des boucaniers aurait été ensuite déformé par les Britanniques pour donner Jolly Roger, nom actuel du drapeau noir des pirates.

▲ Chaque capitaine avait son propre pavillon, souvent orné de symboles mortuaires. Sur celui de Barbe-Noire un squelette tenait un sablier et une lance pointée vers un cœur sanglant. Son message était clair : « Ton temps est compté : rends-toi ou meurs ! »

▲ Il fallait conserver en parfaite condition l'immense voilure d'un navire du 18e siècle. La plupart des équipages comptaient un maître voilier capable de recoudre les toiles déchirées. Les marins devaient souvent grimper dans la mâture pour régler ou réparer les voiles.

La vie à bord

L'excitation d'un abordage n'était pas un événement quotidien dans la vie des pirates de l'âge d'or. Entre ces brusques flambées de combat, ils subissaient de longues périodes d'ennui, qu'ils occupaient à des tâches ingrates mais nécessaires pour maintenir le vaisseau en état. La nourriture était exécrable. Même durant ces périodes de calme, la vie restait dangereuse, exposée aux accidents et à la maladie.

Boisson et alimentation

De durs biscuits, confectionnés avec de la farine et de l'eau, composaient le plus clair de l'alimentation des marins. À bord, ils étaient rapidement infestés de vermine. On embarquait également des poules, et l'équipage pêchait des poissons ou des tortues pour se nourrir. La boisson se composait d'eau et de bière. L'ajout fréquent d'alcool permettait de masquer le goût fétide de l'eau croupie.

La menace du scorbut...

La nourriture fraîche pourrissant rapidement à bord, on la préservait en la fumant ou en la salant. Quand le voyage était très long, de nombreux marins souffraient du scorbut, une maladie provoquée par une carence en vitamine C – les dents se déchaussaient, et la peau se couvrait d'ulcères. On découvrit en 1753 que la consommation de citrons et d'oranges pouvait prévenir le scorbut.

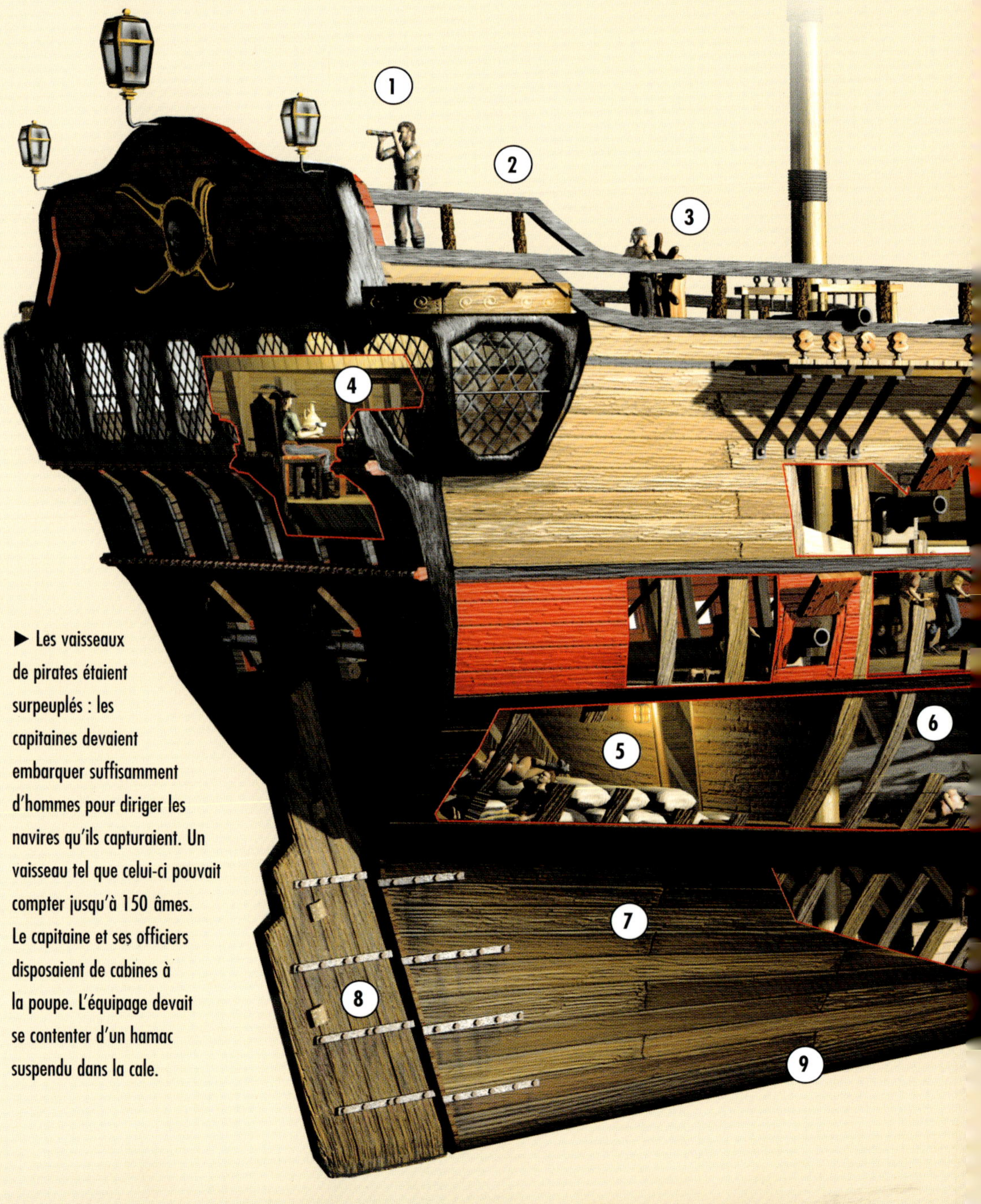

► Les vaisseaux de pirates étaient surpeuplés : les capitaines devaient embarquer suffisamment d'hommes pour diriger les navires qu'ils capturaient. Un vaisseau tel que celui-ci pouvait compter jusqu'à 150 âmes. Le capitaine et ses officiers disposaient de cabines à la poupe. L'équipage devait se contenter d'un hamac suspendu dans la cale.

Chirurgie en mer
Le manque d'hygiène qui régnait à bord des vaisseaux de l'âge d'or rendait dangereuse la moindre égratignure. La plupart des équipages disposaient d'un chirurgien, souvent entièrement dépourvu d'éducation médicale. Quand un membre était blessé, le traitement le plus courant consistait à l'amputer, sans anesthésie autre que l'alcool que le patient avalait pour amoindrir la douleur. Peu d'hommes survivaient à ce traitement.

Code des pirates
Des codes d'honneur très stricts régissaient la vie de ces pirates sanguinaires. Les jeux et les femmes étaient ainsi interdits à bord. Certaines de ces mesures étaient même fort étonnantes pour l'époque : les membres de l'équipage avaient par exemple droit de vote pour certains problèmes importants. Ils jouissaient d'un même droit sur le butin capturé et ceux qui avaient été blessés recevaient souvent une aide financière.

▲ Dans la marine, l'un des châtiments le plus cruel était la flagellation. Les victimes du fouet étaient marquées à vie et en mouraient parfois. De nombreux pirates étaient d'anciens marins qui en voulaient à leurs sous-officiers, sans doute pour avoir subi ce châtiment. Rien d'étonnant dès lors que les pirates aient souvent rebaptisé les vaisseaux capturés *Le Vengeur*.

LÉGENDE
1. Vigie
2. Gaillard d'arrière (ou dunette)
3. Timonier à la barre
4. Cabine du capitaine
5. Entrepôts alimentaires
6. Entrepôts à voile
7. Coque
8. Gouvernail
9. Quille
10. Canon
11. Grand mât
12. Chaloupe
13. Rameurs
14. Entrepôts à boulets
15. Barils de bière et d'eau
16. Flagellation sur le gaillard d'avant
17. Ancre
18. Beaupré

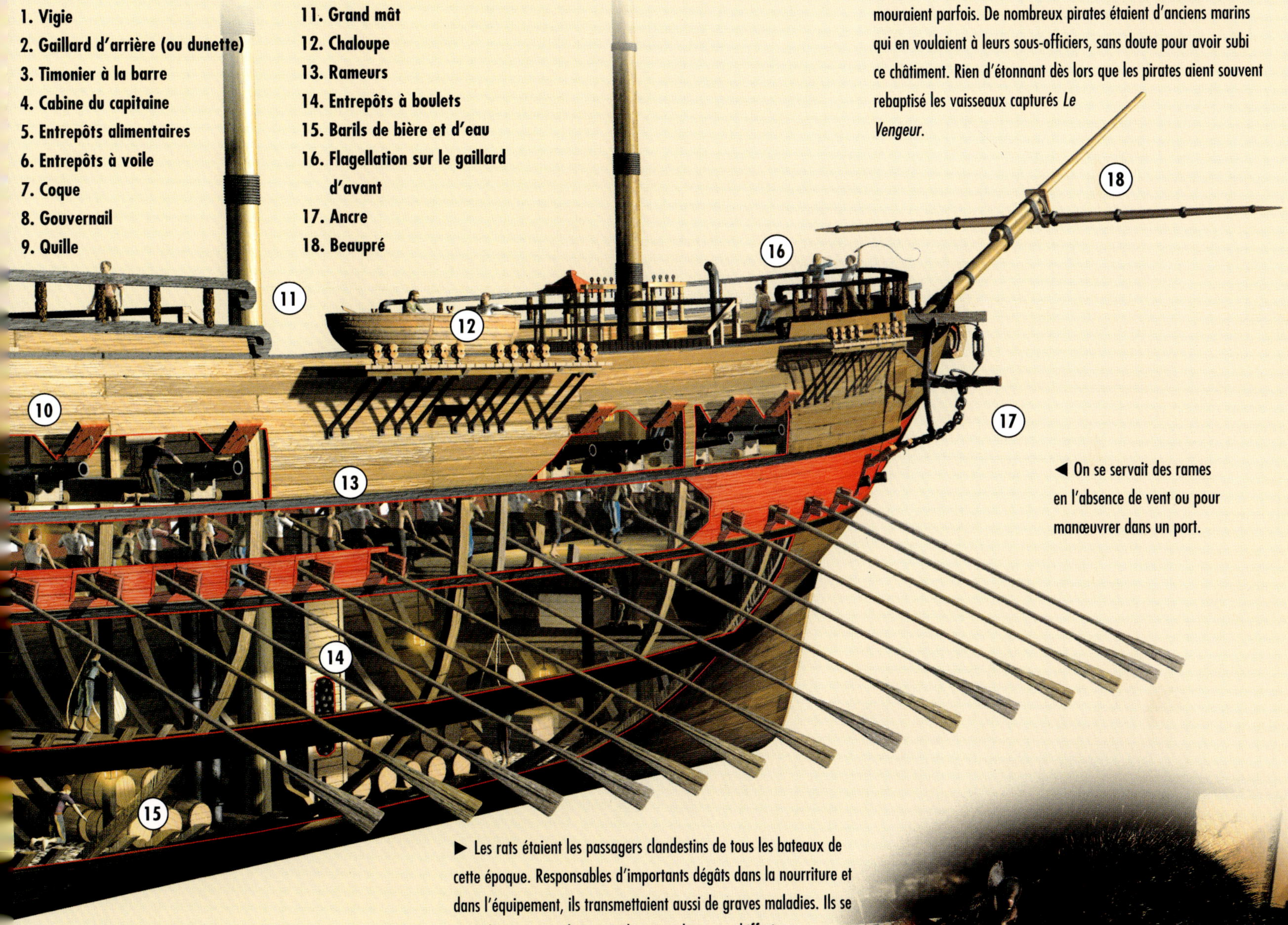

◀ On se servait des rames en l'absence de vent ou pour manœuvrer dans un port.

▶ Les rats étaient les passagers clandestins de tous les bateaux de cette époque. Responsables d'importants dégâts dans la nourriture et dans l'équipement, ils transmettaient aussi de graves maladies. Ils se reproduisaient rapidement et leur population se chiffrait par milliers à la fin d'un long voyage – souillant les entrepôts et dévorant les cordages et le bois.

Les pirates à terre

Les pirates ne passaient pas tout leur temps en mer. Ils attendaient avec impatience l'heure des réjouissances sur la terre ferme, en récompense des duretés de la vie sur les flots. Les capitaines installaient leurs quartiers dans des lieux susceptibles d'être fortifiés contre une attaque des autorités; mais aussi des lieux où l'équipage pouvait prendre du bon temps. Dans l'océan Indien, l'île de Madagascar fut un célèbre repaire de pirates, au même titre que Port-Royal et l'île de la Tortue dans les Caraïbes.

▲ La vie en mer étant brutale est brève, de nombreux pirates estimaient inutile d'économiser pour leurs vieux jours. Ils dépensaient à terre tout leur argent, souvent au jeu. Ce jeu de cartes du 19e siècle fut confisqué sur un bateau pirate capturé par un officier britannique.

Fêtes et festins
Une fois débarqués, les pirates cherchaient à oublier l'ennui et les dangers de la vie en mer. Ils disposaient d'assez d'argent pour satisfaire leur moindre désir : femmes, boissons et jeux. Bon nombre d'entre eux s'enrichissaient au-delà de leurs rêves les plus fous, mais dilapidaient tout. Il arrivait ainsi que l'on dépense en une seule nuit l'équivalent de milliers d'euros. L'ivrognerie était bien évidemment fort répandue, le rhum antillais étant la boisson de prédilection.

Libertalia, utopie pirate
Le livre du capitaine Charles Johnson (en fait Daniel Defoe, auteur de *Robinson Crusoe*), *Histoire générale des plus fameux pyrates*, publié en 1724, mentionne un certain capitaine Misson, qui aurait établi une république démocratique de pirates, appelée Libertalia, sur l'île de Madagascar. Certains historiens n'y voient qu'un mythe, mais il est vrai que des pirates se sont établis à Madagascar et que leur code d'honneur était particulièrement démocratique.

Trésors enterrés
Le plus grand mythe de la piraterie concerne sans doute les fabuleux butins enterrés dans des îles lointaines et indiqués sur des cartes codées. Les légendes s'y rapportant sont innombrables, mais ces trésors ne sont jamais réapparus : il est donc possible que ces contes aient été exagérés par les romanciers. L'une des plus célèbres histoires de trésor est celle du capitaine William Kidd *(lire page 33)*. Autorisé par les autorités britanniques à pourchasser les pirates français dans l'océan Indien, il attaquait cependant aussi les vaisseaux anglais pour accroître ses profits. Il fit plus tard voile vers la côte est des États-Unis, où l'on dit qu'il enterra un trésor sur l'île de Long Island, non loin de New York. Cette légende reste à vérifier… mais de nombreux individus se sont déjà mis en quête de ce trésor.

▲ Le pavillon du capitaine Bartholomew Roberts, dit le « Baronet Noir » (1682-1722), montre un pirate partageant avec un squelette une bouteille de rhum. Même si ce capitaine ne buvait pas, il est certain que son équipage appréciait l'alcool. Cette illustration représente des membres de son équipage festoyant sur la côte de l'Afrique occidentale, après une journée passée à réparer leur vaisseau.

◄ Dans ce tableau de l'artiste américain Howard Pyle (1853-1911), une bande de pirates se partage un butin sur une plage. Quand un capitaine échouait à plusieurs reprises à capturer des proies, son équipage pouvait le démettre par un vote.

Les femmes pirates

À l'âge d'or de la piraterie, la femme européenne était généralement soumise à l'autorité masculine. Imaginez donc le scandale provoqué par des histoires de femmes pirates aussi sanguinaires et rebelles que des hommes ! Deux d'entre elles en particulier – les britanniques Mary Read et Anne Bonny – font l'objet de récits historiques. Jeanne de Belleville, dite la Tigresse bretonne, est devenue pirate au XIVe siècle pour venger son époux accusé de félonie par le roi.

▲ Le sort des femmes capturées par les pirates était souvent terrible. Les films ont tendance à masquer la sordide vérité de leur traitement ; pourtant les pirates européens – c'est avéré – ne reculaient ni devant le meurtre ni devant la torture.

◀ On dépeint Mary Read sous les traits d'une combattante farouche. Elle affronta un jour un pirate qui avait insulté l'un de ses amants et lui passa son sabre au travers du corps.

Femmes à bord

On sait que le code des pirates bannit entièrement les femmes des navires, de crainte qu'elles ne provoquent des conflits au sein de l'équipage. Il n'était cependant pas inhabituel de trouver des femmes à bord – par exemple les épouses ou les maîtresses de marins, mais aussi des cuisinières ou des infirmières. Elles résidaient également dans les places fortes des pirates, et il n'est pas impossible que certaines d'entre-elles aient pris la mer.

Read et Bonny

Mary Read (1690-1720) et Anne Bonny (née vers 1700) parcoururent les Caraïbes en compagnie du pirate John Rackham – dit Calicot Jack. Déguisée en homme, Mary servait en tant que soldat britannique lorsque son vaisseau fut capturé par Rackham, dont elle rejoignit l'équipage. Anne se trouvait déjà à bord, ayant abandonné son marin de mari pour devenir la maîtresse du pirate. Les deux femmes combattaient aux côtés de l'équipage. Leurs exploits nous sont connus par le livre du capitaine Johnson (voir page 28), ainsi que par les minutes de leur procès.

► En mer, Anne Bonny (à droite) et Mary Read s'habillaient en hommes : une veste de marin et un pantalon de toile. Leur force était sans doute comparable à celle des hommes pour pouvoir porter un sabre, des pistolets et la lourde hache d'abordage comme montré sur cette gravure.

▲ L'histoire de Mary Read et d'Anne Bonny n'a cessé de fasciner. Elles ont inspiré le personnage de la femme pirate hardie, capable de tenir tête à ses adversaires dans de nombreux films. Voici une scène du film *La Flibustière des Antilles*, de 1951, inspiré par les prouesses d'Anne Bonny.

Procès et exécution

Après avoir capturé de nombreux bâtiments, le vaisseau de Rackham fut arraisonné par la marine britannique. Seules Anne et Mary résistèrent, l'équipage étant ivre mort. Tous les prisonniers furent condamnés à la pendaison. L'exécution des deux femmes fut toutefois retardée car elles prétendirent être enceintes. Mais Mary Read mourut peu après en prison, de fièvre jaune, et on ne sait pas ce que Anne Bonny devint ensuite.

▲ En 1718, la tête du plus célèbre des pirates, Barbe-Noire *(lire page 23)* fut pendue à la proue d'un navire de la marine britannique en guise d'exemple.

Les châtiments

La piraterie connut son apogée à l'époque où les nations européennes mandataient des corsaires pour contrer leurs ennemis. Une fois la paix revenue en Europe, vers 1714, les mêmes nations s'efforcèrent de se débarrasser de ces pirates qui menaçaient désormais le commerce avec les colonies. Les procès et les exécutions de ces bandits sanguinaires firent alors se déplacer les foules. Vers 1730, l'âge d'or s'achevait : la plupart des pirates et leurs équipages étaient morts ou derrière les barreaux.

Poursuite des criminels
L'Angleterre coloniale fit appel à la marine nationale pour se débarrasser des pirates. Woodes Rogers (1679-1732) est l'un des plus fameux chasseurs de flibustiers. Ex-corsaire, il devient gouverneur des Bahamas et s'embarqua avec la marine nationale pour écraser la piraterie dans une colonie appelée Nouvelle Providence. Il accordait son pardon aux pirates qui renonçaient à leur vie criminelle mais, si ceux-ci revenaient sur leur serment, il les faisait pendre en masse.

La danse du chanvre
En Angleterre, les pirates reconnus coupables étaient habituellement pendus à marée basse. On laissait le corps battre dans les flots pendant plus d'une journée, avant de le détacher et de l'enterrer dans une tombe anonyme. En guise d'avertissement, les criminels les plus célèbres étaient enduits de goudron après exécution, et pendus au bout de chaînes dans des cages où ils se décomposaient. La pendaison reçut le nom de *danse du chanvre*, car, durant leur agonie, les victimes semblaient danser la gigue au bout de la corde.

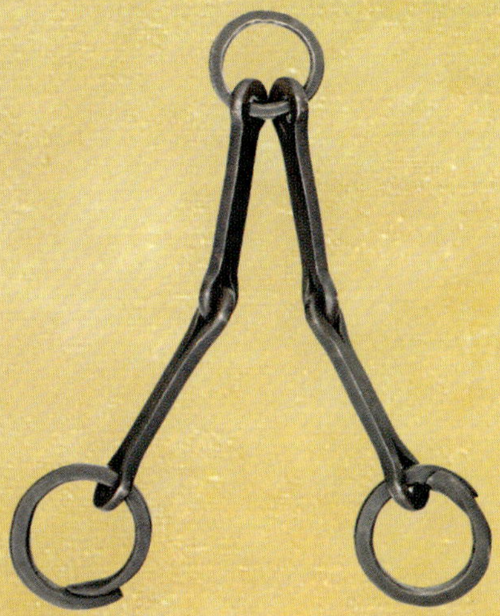

▲ Les autorités mettaient les pirates capturés aux fers pour prévenir leur évasion avant le procès. Ces entraves pour les jambes (en haut) et ces menottes (en bas) datent du 17e siècle.

Un pirate ayant enfreint le code d'honneur pouvait être traité impitoyablement. On exilait le coupable sur une île déserte sans eau ni nourriture. Ses chances de survie étaient fort minces.

Garrottage et esclavage
Les Français envoyaient souvent les pirates jugés coupables travailler en tant qu'esclaves dans leurs colonies. Les Espagnols optaient pour le garrot (strangulation à la corde) pour les exécuter, mais recouraient de temps à autre à des méthodes d'exécution plus effroyables. Ainsi, au début du 17e siècle, ils ligotaient à des pieux les flibustiers capturés, puis les amputaient de leurs membres avant d'enduire les moignons de miel et de laisser les malheureux se faire dévorer par des insectes.

▶ Le célèbre pirate écossais capitaine William Kidd (1645-1701) fut capturé, jugé pour meurtre et pendu. Son corps fut exposé dans une cage de fer à Tilbury Point, sur l'estuaire de la Tamise, près de Londres, en Angleterre. On mesura la taille du condamné pour calculer celle des chaînes : il savait donc ce qui l'attendait. Le corps décomposé du pirate resta pendu des années, pour décourager les marins de suivre sa voie.

▲ Les pirates devaient de temps à autre retirer les algues et les coquillages qui s'accumulaient sur la coque du navire et le ralentissaient. Il fallait tirer le bateau sur le rivage pour cette opération appelée carénage : opération dangereuse pour l'équipage, qui tâchait donc de garder secrets les lieux où il y procédait… il ne bénéficiait en effet d'aucune issue de secours en cas d'attaque.

Les flottes de pirates chinois

Entre les 17e et 19e siècles, la piraterie fleurit dans les mers de Chine. Le long des côtes de ce vaste pays, d'innombrables îles et estuaires dissimulés offraient des repaires parfaits. À la différence des pirates des Caraïbes, qui travaillaient pour leur propre compte, les Chinois opéraient groupés, en immenses flottes bien organisées. Ils recouraient aux menaces et à la violence pour soutirer, par chantage, de l'argent aux colonies côtières et aux vaisseaux marchands. Les bénéfices ainsi obtenus étaient si importants que leurs chefs règnaient sur de vastes régions, à la manière de véritables souverains.

▼ Dans les mers de Chine, la jonque est le bateau à tout faire dont se servent les marchands comme les pirates. Son modèle de base est simple et comporte trois mâts supportant des voiles en nattes de bambou. Un certain nombre de jonques pirates étaient en fait des vaisseaux marchands réaménagés. Elles étaient armées de canons et de fusils sur pivots appelés lantakas. Les plus grandes pouvaient transporter jusqu'à 200 hommes et affronter sans crainte les vaisseaux de la marine nationale chinoise.

▲ En 1849, une large flotte de pirates conduite par Chui Apoo (mort en 1851) fut traquée et détruite non loin des côtes chinoises par les canonnières de la marine nationale britannique. Au centre du tableau, on aperçoit un vaisseau européen, reconnaissable à sa voilure de forme carrée.

Des flottes criminelles

Au milieu du 17e siècle, un chef pirate du nom de Cheng Chih-lung rassembla une flotte de plusieurs centaines de vaisseaux pour contrôler la majeure partie des côtes chinoises. L'empereur, reconnaissant son pouvoir, le nomma alors amiral de sa marine – avec pour mission de poursuivre les pirates ! Un siècle plus tard, Ching Shih, veuve d'un chef pirate, prit les commandes d'environ 30 000 hommes, au sein de la plus imposante flotte pirate qui ait jamais pris la mer. Cette flotte était organisée en six escadres, chacune étant chargée d'une zone d'opération.

Une entreprise familiale

La piraterie des mers de Chine est une affaire de famille. La plupart des pirates embarquaient avec femme et parents. Dans leurs affaires, les chefs recouraient aux services de proches, et il était courant que ces derniers héritent de la flotte à la mort du capitaine. Lorsque Cheng Chih-lung fut tué, son fils, connu sous le nom de Koxinga (1624-1662), assuma le commandement de la flotte et édifia un vaste empire commercial.

Vapeur contre pirates

Le trafic d'opium entre la Chine et l'Europe étant extrêmement profitable, l'Angleterre dépêcha sa marine nationale pour le protéger des pirates. La bataille finale intervint en 1849, quand une alliance maritime entre la Chine et l'Angleterre (dotée d'impressionnants bateaux à vapeur) bombarda et détruisit la flotte du célèbre Shap'ng-Tsai près des côtes du Vietnam (dates inconnues). Shap'ng-Tsai parvint à s'échapper, mais la fin des escadres pirates avait sonné.

▲ Les pirates chinois se battaient traditionnellement avec une large épée tenue à deux mains, alors que les flibustiers japonais se servaient de petits glaives (un dans chaque main). Ils ne dédaignaient pas les armes occidentales, comme on le voit sur cette estampe : le chef japonais est armé d'un revolver.

► Les îles d'Indonésie et des Philippines offraient des refuges sûrs aux forbans, et c'est encore le cas aujourd'hui *(lire pages 52-53)*. Les îles et îlots de Bornéo et de Sumatra (illustrés ici) abritaient de féroces tribus de pirates chasseurs de têtes.

Les pirates au service de la politique

La guerre d'Indépendance américaine (1775-1783) et les guerres napoléoniennes (1803-1815) virent renaître l'ère des corsaires. Les flottes américaines et françaises n'étant pas assez fortes pour venir à elles seules à bout de la marine britannique; elles engagèrent des corsaires pour harceler la flotte marchande du Royaume-Uni et semer le chaos dans son commerce.

▲ Dans un film de 1938, *Les Flibustiers,* le pirate Jean Laffitte est dépeint sous les traits d'un héros romantique.

Corsaires pour l'indépendance

En 1775, au début de la guerre d'Indépendance qui opposa l'Angleterre à ses colonies américaines, la flotte de ces dernières ne comptait que 30 vaisseaux. Les Américains engagèrent alors des corsaires pour attaquer les marchands britanniques. Appareillant de Boston et de Baltimore, ces corsaires ruinèrent les échanges commerciaux anglais, en s'emparant de près de 3000 navires. À une certaine époque, près de 500 d'entre eux harcelaient en même temps la flotte marchande anglaise.

▼ Le plus grand exploit de John Paul Jones fut, en 1778, la capture du vaisseau de guerre anglais Sérapis, armé de 50 canons. Le vaisseau de Jones, le *Bonhomme Richard,* était lui-même un vaisseau marchand reconverti. Peu sûr de ses canons, Jones décida de lancer l'abordage. La bataille fut si âpre que son propre vaisseau finit par sombrer, toutefois non sans que le capitaine du *Sérapis* se fût rendu.

La plaie des Anglais
Si les Anglais considèrent l'Écossais John Paul Jones (1747-1792) comme un pirate, c'est un héros pour les Américains. Officier de la marine américaine, il vogua vers l'Europe en 1778 pour attaquer les vaisseaux britanniques. La France soutenant à l'époque les insurgés, il reçut l'autorisation de mouiller dans les ports français de la Manche. Capturant des vaisseaux marchands, il parvint même à prendre pied sur la côte d'Angleterre, au nord-ouest, détruisant des équipements maritimes du port de Whitehaven.

Pirate ou héros
Jean Laffitte (1780-1825) est un pirate qui servit des deux côtés de la loi. Au début du 19e siècle, depuis son « Royaume » de Barataria, au sud de la Nouvelle-Orléans, aux États-Unis, il vivait de contrebande et de trafic d'esclaves. En 1814, sa flotte fut défaite par des navires officiels des États-Unis mais, un an plus tard, il fut amnistié pour avoir aidé la Nouvelle-Orléans à parer une attaque britannique. Il jouit un temps du statut de héros national, jusqu'au moment où, dérobant un navire, il reprit sa vie de flibustier.

Corsaires français
Durant les guerres napoléoniennes, la Grande-Bretagne combattait la France et, par un blocus, força sa flotte à demeurer dans ses ports. La France rétorqua alors en lançant des corsaires contre l'Angleterre. Opérant à partir des ports français tels que Saint-Malo et Dunkerque, refuges de pirates pendant des siècles, ces derniers capturèrent jusqu'à 2000 vaisseaux marchands britanniques durant les premières années de guerre. Grâce à leurs succès, les corsaires devinrent des héros nationaux, et des hommes fort riches !

◄ Robert Surcouf (1773-1827), héros du film *Surcouf, le tigre des sept mers*, fut l'un des plus célèbres corsaires français de l'ère napoléonienne. Il attaquait les flottes britanniques.

Les contrebandiers

Tout au long des 18e et 19e siècles, la contrebande sévit des deux côtés de la Manche. Pour financer ses nombreuses guerres, le gouvernement britannique exigeait le paiement d'impôts spéciaux, prélevés sur des denrées de luxe importées de l'étranger, tels que le cognac et le thé. Cette imposition était si pesante que la contrebande devint une industrie à part entière. Les marchandises étaient secrètement convoyées par bateau vers des lieux reculés et tenus secrets pour ne rien devoir payer aux collecteurs des impôts.

Livraisons nocturnes
Les bateaux des contrebandiers atteignaient les côtes anglaises à la faveur de la nuit. À terre, des complices s'assuraient que la voie était libre. Les contrebandiers débarquaient alors leur cargaison sur la grève, avant de l'entreposer dans des lieux secrets. Les vaisseaux des trafiquants, légers et rapides, étaient gréés de voiles permettant d'avancer avec ou contre le vent : un atout essentiel pour parvenir aisément près du rivage et s'échapper rapidement en cas de capture. Ils étaient habituellement noirs, de même que leurs voiles, pour mieux se fondre dans l'obscurité.

Cargaisons secrètes
Cognac, gin, tabac et thé, mais aussi soie et dentelle vestimentaires figuraient parmi les marchandises préférées des contrebandiers. Les riches Anglais achetaient ces produits de luxe sans s'enquérir de leur provenance, et les contrebandiers réalisaient d'importants bénéfices. Le gin et le cognac étaient introduits dans de petits barils, facilement dissimulables sur un bateau. On empaquettait le tabac dans des ballots étanches, que l'on pouvait jeter à la mer en cas d'urgence; ils y flottaient sans dommage jusqu'à ce qu'ils soient récupérés plus tard.

◄ Sur cette illustration ancienne, les contrebandiers sont attaqués par des collecteurs de taxes (en veste bleue). Ces deux groupes s'affrontaient lors de violents combats. Les contrebandiers se battaient férocement pour échapper à la prison et au châtiment.

▲ Cette affiche de 1891 représente des contrebandiers débarquant un baril de whisky sur une plage déserte. Ils sont dépeints sous des traits joyeux et inoffensifs. Mais il s'agissait souvent en fait de criminels violents et dangereux.

Un trafic régional

Des communautés entières étaient impliquées dans la contrebande, car il fallait de nombreux bras pour décharger, passer et dissimuler une cargaison. L'activité en devenait de fait plus sûre : tous ceux qui profitaient du trafic avaient intérêt à garder le secret. Organisée en véritable armée, la bande du célèbre Louis Mandrin (1725-1755), soutenue par la population, opérait dans les montagnes suisses et savoyardes. La contrebande de sel (devenu cher à cause de l'impôt appelé la gabelle), et de tabac était particulièrement courante sur les côtes bretonnes et normandes.

▼ Après 1750, on ne pendait les contrebandiers britanniques capturés que s'ils étaient aussi coupables de meurtre. Les autres étaient déportés comme esclaves dans les colonies anglaises d'outre-mer. Avant leur embarquement, ces prisonniers étaient parfois confinés dans des vieux vaisseaux pourrissants, ancrés non loin du rivage. Cette gravure de 1828 représente un pénitencier flottant dans le port de Portsmouth, au sud de l'Angleterre.

▲ La Manche était parcourue dans les deux sens par des contrebandiers, qui faisaient passer tout type de cargaison. Pour financer ses guerres, Napoléon 1er (1769-1821) avait ainsi transféré illégalement de l'or de l'Angleterre à la France.

Légendes et vérité

La Manche est le cadre de nombreuses légendes de la contrebande, dont certaines remontent au 18e siècle. Plusieurs chroniques, qui ont enflammé l'imagination des écrivains et des réalisateurs de films, racontent comment les contrebandiers piègeaient les autorités. Des mythes romantiques ont ainsi vu le jour, remplis de tunnels secrets, de naufrageurs assassins et de cerveaux criminels issus de l'aristocratie.

Jeu de cache-cache
Les contrebandiers avaient recours à de nombreuses astuces pour dissimuler leur trafic. On tissait le tabac dans des cordages qu'on roulait ensuite sur le pont. Le cognac et le gin étaient cachés dans le double-fond de barriques d'eau. Plus tard, on y introduisit des compartiments latéraux sur la hauteur, pour cacher l'alcool sans modifier la profondeur de l'eau.

Des tunnels étaient creusés à même la plage pour pouvoir dissimuler des marchandises avant d'en assurer la distribution. Ils se devaient d'être très profonds, car les douaniers disposaient de longues perches qu'ils enfonçaient dans le sable afin de le sonder. On creusait plus rarement des souterrains. À Hayle, en Cornouailles, au sud-ouest de l'Angleterre, un passage long de plusieurs centaines de mètres reliait par exemple la côte à la ville.

▼ Selon la légende, les villageois des côtes de Cornouailles faisaient parfois main basse sur la cargaison des vaisseaux échoués à la suite de tempêtes. On disait même que les éventuels survivants étaient alors assassinés, et leurs biens volés.

Des criminels inventifs

Les contrebandiers établissaient des plans soigneux pour le déchargement de leur cargaison. Si la plage prévue n'était pas considérée comme sûre, le bateau se rendait ailleurs. Il existe aujourd'hui encore sur les côtes des maisons dotées d'une tour ou de hautes fenêtres, à partir desquelles on émettait un signal lumineux. On se servait aussi de lanternes qui permettaient au rayon lumineux de parvenir au large sans être vu du voisinage.

Maîtres contrebandiers

L'achat des cargaisons à l'étranger était onéreux et les contrebandiers étaient généralement soutenus dans l'ombre par des personnages peu recommandables mais très fortunés. Comme pour le trafic de drogue qui sévit de nos jours, il était difficile d'établir l'identité de ces derniers et de les traduire en justice. Emprisonnement et châtiment s'abattaient donc essentiellement sur les petites gens de la contrebande.

▶ Plusieurs légendes de la contrebande en Cornouailles font état de naufrageurs : ils allumaient de grands feux pour faire croire aux vaisseaux dont ils convoitaient les cargaisons qu'ils s'approchaient d'un port quand, en réalité, ils se précipitaient vers des rochers.

IMPORTANT À RETENIR ! L'ÂGE D'OR

Canon de navire datant de l'âge d'or

Pirates et contrebandiers

L'âge d'or de la piraterie dura environ de 1690 à 1730. La paix revenant en Europe à la fin du 17e siècle, les monarques se passèrent des services de leurs corsaires. Mais certains corsaires continuèrent d'attaquer les vaisseaux marchands pour en tirer de très gros bénéfices ; perturbant ainsi les échanges commerciaux, ils furent alors pourchassés et punis comme « pirates ».

La contrebande vit également son importance croître à partir du 18e siècle. Elle visait à éviter les lourdes taxes prélevées par les autorités sur les biens importés.

La légende des pirates

Les écrivains ont transformé les pirates en personnages, certes peu recommandables, mais fascinants pour l'imaginaire populaire. Ils se sont inspirés des chroniques relatant les aventures extraordinaires d'hommes tels que Barbe-Noire ou Jean Laffitte. Même si leur authenticité est difficile à assurer, ces récits hauts en couleur ont toujours été d'immenses succès de librairie. L'idée que nous nous faisons des pirates est ancrée dans cet univers fictionnel.

Légendes et vérités

S'il est vrai que ces pirates connurent souvent des existences extraordinaires dont les récits continuent aujourd'hui encore de nous fasciner, ils n'en furent pas moins des criminels, qui n'hésitaient pas à assassiner des innocents tant en mer que dans les villages côtiers terrorisés. Les contrebandiers de l'époque se montraient eux aussi très violents, recourant aux menaces et à la torture pour imposer le silence à ceux qui avaient été témoins de leurs crimes.

DÉCOUVERTE +

... sur un célèbre contrebandier français
L'histoire de Mandrin de Philippe Bonifay, Fabien Lacaf (Glénat, 2005)

... sur les pirates, corsaires et flibustiers :
www.pirates-corsaires.com
www.flibuste-et-tresors.com

L'Île au trésor, de Robert Louis Stevenson

Le Secret de la Licorne;
Le Trésor de Rackham le Rouge d'Hergé (Éditions Casterman)

Pirates, corsaires et flibustiers, Contes et Récits de Stéphane Descornes; ill. de Hugues Micoul (Nathan, 2004)

L'historien écrit des livres sur la manière dont les gens, les lieux et les événements existaient dans le passé.

Le chercheur étudie une époque donnée de l'histoire, à partir de documents anciens et d'anciennes chroniques, et sert parfois de conseiller aux producteurs de films.

Le scénariste rédige le scénario d'un film, en particulier les dialogues, et détaille le déroulement des scènes.

L'accessoiriste-costumier crée les costumes et les accessoires utilisés sur le tournage d'un film.

À visiter :
Le Musée national de la Marine
Place du Trocadéro
75016 Paris
Tél. : 01 53 65 69 69
www.musee-marine.fr

Le musée national de la Marine à Brest évoque dans ses collections l'histoire de l'arsenal et des grandes flottes de haute mer.
Musée de la Marine du Château de Brest
Rue du château
29200 Brest
Tél. : 02 98 22 12 39
www.musee-marine.fr

La Maison des Corsaires
5, rue d'Asfeld
35400 Saint-Malo
Tél. : 02 99 56 09 40

Les réfugiés, comme ces Vietnamiens, sont souvent les victimes des pirates et des contrebandiers modernes *(lire pages 50-51).*

CHAPITRE 3

Contrebande et piraterie aujourd'hui

La piraterie et la contrebande fleurissent encore de nos jours. Des bandes criminelles internationales opèrent entre autres autour du Nigeria et dans certaines parties de l'Asie du sud-est. Les pirates possèdent aujourd'hui des bateaux rapides, un équipement de haute technologie et des armes sophistiquées. Ils s'attaquent aux vaisseaux marchands et aux yachts de plaisance, dévalisant les équipages et faisant parfois main basse sur un vaisseau entier. La contrebande existe toujours également. Il s'agit de faire passer en fraude drogues, animaux rares, et même des immigrants qui fuient leur pays, pour gagner de l'argent.

Les passeurs de rhum

Aux États-Unis, la consommation de boissons alcoolisées fut interdite par le 18e amendement de 1919. Cette époque, appelée la Prohibition, entraîna un accroissement de la contrebande maritime d'alcool. Des chargements illicites de rhum et de whisky étaient débarqués sur les côtes, puis transportés vers les grandes métropoles et vendus illégalement. On donna à ces contrebandiers le nom de passeurs de rhum. Ce commerce très lucratif attira des gangsters aussi endurcis qu'Al Capone.

▲ Cette illustration tirée d'un magazine datant de 1921 représente les autorités américaines détruisant de l'alcool de contrebande en le déversant dans un égout. La police l'avait peut-être saisi en opérant une descente dans les bars illégaux appelés « speakeasies ».

Boulevard du rhum

Des flottilles de bateaux lourdement chargés d'alcool faisaient voile vers les États-Unis, avant de jeter l'ancre en toute légalité, au-delà de la limite de 5 km des eaux territoriales. De petites embarcations s'en approchaient alors, et transportaient la cargaison sur la côte.

On appelait ces rangées de navires amarrés (jusqu'à 14 de suite) le « boulevard du rhum ». On s'y rendait à la rame pour passer à bord une nuit d'ivresse et effectuer des achats clandestins. La limite des eaux territoriales fut plus tard repoussée à 19 km, rendant le traffic plus difficile.

Entrée des gangsters

La Prohibition n'était guère populaire et nombre d'Américains étaient prêts à acquérir de l'alcool illégalement, enrichissant ainsi les contrebandiers. À l'origine, les passeurs de rhum étaient recrutés surtout parmi les marins et les pêcheurs, mais la pègre s'en mêla bientôt, obtenant le monopole de ce commerce. Le passage du rhum devint dès lors une poursuite mortelle entre garde-côtes et gangsters, les uns et les autres armés de mitraillettes.

◀ Ces torpilles emplies d'alcool ont été confisquées sur une goélette du « boulevard du rhum ». Elles étaient conçues pour être tirées du bateau, récupérées au large, puis traînées jusqu'au rivage dans de petites barques.

Techniques et astuces

Les bateaux des passeurs de rhum étaient équipés de cales à double fond pour le transport d'alcool. Sur les embarcations de pêche, on couvrait la cargaison d'une couche de poissons. Les gangsters faisaient construire des navires rapides et blindés, rendus aussi silencieux que possible et capable de prendre de vitesse les engins puissants des garde-côtes. Parfois, les bandits projetaient un sillage de fumée huileuse pour freiner les garde-côtes qui leur donnaient la chasse.

▶ Le célèbre gangster américain Al Capone (1899-1947) s'intéressait au trafic de rhum. Ce chef de gang, meneur d'une bande bien organisée, était à la tête de nombreuses entreprises criminelles. Ces individus réalisaient des profits prodigieux dans la contrebande d'alcool. Cette activité illégale prit une telle importance que la Prohibition fut abolie en 1933.

▼ Des agents examinent des caisses de whisky confisquées à bord d'un bateau des garde-côtes. Les poursuites en bateau avaient souvent lieu durant les nuits brumeuses, les contrebandiers tentant de débarquer leur cargaison à la faveur de l'obscurité.

La contrebande moderne

La contrebande maritime est encore bien vivante de nos jours. Les contrebandiers réalisent toujours d'importants profits en évitant les taxes levées par les gouvernements sur les denrées importées. Ils organisent des trafics illégaux entre divers pays : marchandises, drogues mais aussi êtres humains. Comme par le passé, cette activité est souvent le fait de bandes violentes armées.

▲ En 2001, la police maritime britannique découvrit de l'héroïne en provenance du Sri Lanka. Elle était dissimulée dans des milliers d'amandes et valait 8 millions d'euros.

Cargaisons mortelles
Le tabac et l'alcool font toujours l'objet d'une contrebande maritime qui vise à éviter le paiement des taxes imposées par les gouvernements. Mais le trafic de drogues et d'armes fournit des bénéfices plus significatifs. Des yachts de plaisance dissimulent d'importantes quantités de drogues vendues fort cher en Occident. Dans des zones de combat on importe aussi des armes de manière illégale.

Contrebande et vitesse
De nos jours, les contrebandiers emploient des vaisseaux légers ultrarapides pour débarquer leurs cargaisons. Ceux-ci sont souvent équipés de plusieurs moteurs et, comme aucun élément de métal n'entre dans leur fabrication, les radars les détectent difficilement. L'hélicoptère reste la meilleure méthode dont disposent les garde-côtes pour les repérer.

Hauts lieux de la contrebande
Les principaux producteurs de drogue se trouvent en Amérique du sud et en Asie, alors que les plus grands marchés sont situés en Amérique du Nord et en Europe *(voir ci-dessous)*. Ils doivent trouver des subterfuges pour franchir des frontières, souvent par des ports industriels ou de plaisance, sans que la drogue soit détectée. Le Golfe du Mexique, comme à l'époque de Jean Laffitte *(lire page 37)*, est ainsi un haut-lieu de trafic. On transporte des drogues et des armes par mer, de l'Amérique centrale jusqu'en des coins isolés de la côte du sud des États-Unis.

Violence
La contrebande moderne est fréquemment violente. Les criminels se trahissent en effet entre eux, recourent à des menaces pour s'assurer du silence de leurs victimes et sont lourdement armés. Le trafic de drogue est très sévèrement puni. Dans certains pays, il entraîne même la peine capitale.

PRINCIPALES ROUTES MONDIALES DE LA CONTREBANDE

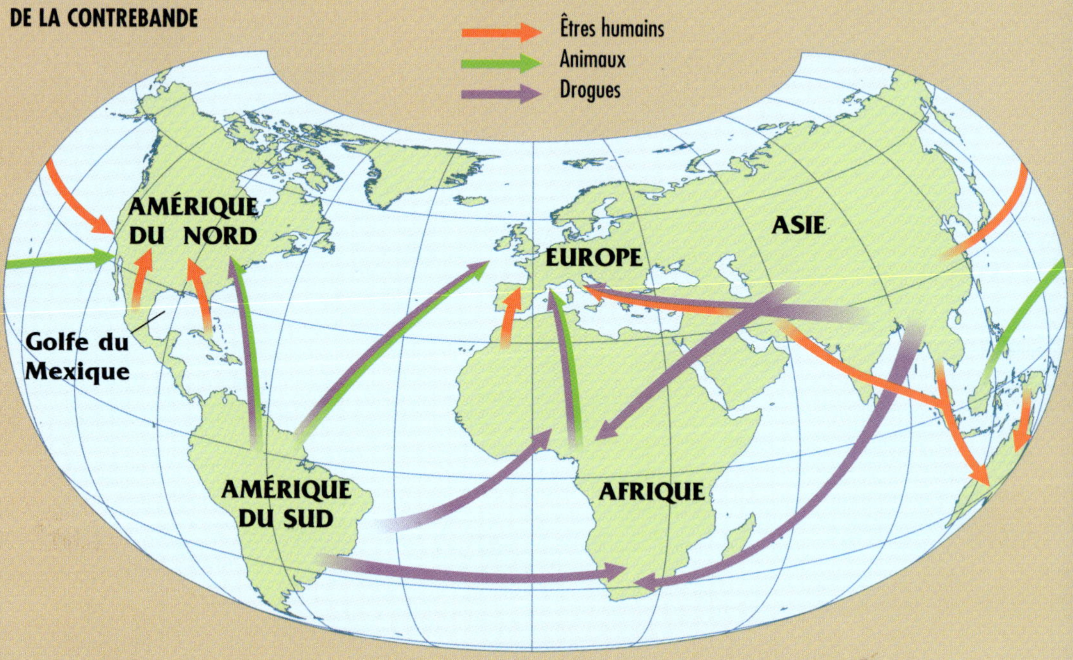

► Les officiers des douanes utilisent des bateaux rapides et gonflables, appelés pneumatiques à coque rigide (PCR), pour prendre en chasse les bateaux des trafiquants. Du fait de leur légèreté, les PCR atteignent des pointes de vitesse de 90 km/h. Ils sont équipés de radars et, dans certains pays, de plusieurs types d'armes.

Le commerce de la vie sauvage

Après la drogue et les armes, le commerce de la vie sauvage constitue le trafic le plus rentable. Le Fonds mondial pour la nature (WWF) estime que les bandes organisées réalisent chaque année des bénéfices allant jusqu'à 20 milliards de dollars dans le trafic des animaux et des plantes, à destination de collectionneurs sans scrupules. Ces criminels ne se soucient pas de décimer des populations menacées d'extinction ni de les transporter illégalement dans des conditions déplorables.

▶ Cette magnifique perruche noire à queue rouge est un genre de perroquet. Très rare, elle est protégée en Australie, mais certains amateurs sont prêts à payer jusqu'à 26 700 € pour en obtenir un spécimen.

Trafic en provenance d'Amérique du sud
Chaque année, jusqu'à 11 millions d'animaux sont pris à l'Amérique du Sud, principalement à destination des États-Unis, où ils sont illégalement vendus à des collectionneurs, par le biais d'Internet ou d'intermédiaires corrompus. De nombreux animaux rares ou menacés d'extinction subissent ainsi la terrible menace des trafiquants : perroquets, singes, serpents. On estime malheureusement que seuls 10 % de ces animaux survivent au transport pour devenir des compagnons exotiques.

◀ Ces macaques enchaînés sont vendus sur un marché en Asie. Certains des animaux ainsi kidnappés ont la chance d'être sauvés et rendus à la vie sauvage, mais la plupart meurent en captivité.

Trafic de drogue et d'animaux
Les animaux rares qui survivent à leur importation rapportent davantage que la drogue. Un ara bleu d'Amazonie se vend ainsi jusqu'à 26 700 € ; un singe tamarin, en danger d'extinction, rapporte 16 500 €. Certains gangs combinent les deux types de trafic en dissimulant des drogues dans le corps des animaux. Ainsi, des serpents attrapés en Colombie ont été gavés de sachets de cocaïne ; mais des douaniers se sont aperçu d'un gonflement étrange de leur corps. Malheureusement, la plupart des reptiles avaient déjà succombé à l'ingestion de la drogue.

Lutte anti-trafiquants
On transporte souvent ces animaux par bateau, en direction de ports particulièrement actifs où les autorités ont du mal à examiner chaque cargaison. La police s'efforce de suivre les mouvements des trafiquants en s'entretenant avec ses informateurs locaux et en surveillant les marchés en plein air. Elle enquête également auprès des animaleries et des sites Internet.

► L'exotique beauté des orchidées est depuis le 19e siècle particulièrement convoitée par les collectionneurs. On en dénombre plus de 25 000 espèces. Voici le Sabot-de-Vénus, dont le trafic est le plus fréquent.

Orchidées et ivoire
Pour les contrebandiers modernes, tout est source de profit : orchidées rares en Nouvelle-Zélande ou au Pérou, caviar en Russie… Ils tuent également des tigres en danger d'extinction pour vendre les diverses parties de leur cadavre en Asie, où ils entrent dans la composition de remèdes traditionnels. Ils massacrent éléphants et rhinocéros pour récupérer l'ivoire, employé là encore en médecine, ou pour la sculpture.

◄ Les contrebandiers tirent d'importants profits de reptiles et d'insectes. Des animaux, tels que ce caméléon-panthère provenant de l'île de Madagascar, sont capturés et vendus en toute illégalité à des collectionneurs.

Le trafic d'êtres humains

Le trafic d'êtres humains est en constante augmentation dans le monde. Le crime organisé transporte illégalement, par air, terre ou mer, d'importants groupes de population d'une frontière à l'autre. Les passeurs tirent d'appréciables bénéfices de ce passage dangereux, puis par chantage, de la situation irrégulière des immigrés.

Fuir la misère et l'oppression
Dans les pays pauvres, les plus démunis sont prêts à verser tout leur argent à des bandes organisées susceptibles de leur faire passer la frontière. Ils cherchent à vivre dans des pays où les salaires sont plus élevés, mais aussi à échapper à la violence ou à l'oppression politique qui règne chez eux. Les nations riches (États-Unis, France, Australie et Grande-Bretagne), comptent parmi les destinations les plus prisées.

Menaces et chantage
Une fois parvenus dans le pays de destination, les réfugiés sont souvent soumis à l'escroquerie des passeurs, qui les obligent à travailler pour des criminels, à leur remettre leur salaire, voire à participer eux-mêmes à des activités illégales. Ils risquent, en cas de refus, d'être assassinés ou de voir leur famille malmenée dans leur pays d'origine. Pris au piège, ces malheureux ne peuvent alors pas dénoncer ces mauvais traitements à la police.

Voyage dangereux
On dénomme « clandestins » les personnes qui migrent de manière illégale d'un pays à un autre. Ils sont embarqués pour un voyage dangereux, les passeurs les entassant par centaines dans des bateaux et le plus souvent sans suffisamment de nourriture. L'équipage n'hésite parfois pas à jeter les malades par-dessus bord. En Asie du Sud-est, ces embarcations risquent en outre les attaques de pirates.

▲ À la fin des années 1990, la guerre dans la région européenne des Balkans contraignit des milliers de personnes à chercher refuge dans les pays voisins. Les guerres entraînent souvent un accroissement du trafic des êtres humains, quand les réfugiés s'efforcent d'obtenir ailleurs une vie meilleure.

▼ Une navette des garde-côtes américains intercepte un bateau, où s'entassent des migrants illégaux en provenance de l'île d'Haïti. La plupart d'entre eux ont dû payer des criminels pour obtenir le droit de monter dans le bateau, dans l'espoir de refaire leur vie aux États-Unis.

À n'importe quel prix

Le détroit de Gibraltar, mince bras de mer de 13 km entre le Maroc et l'Espagne, est l'une des régions où le trafic d'êtres humains est le plus intense. Les migrants s'entassent sur de minuscules bateaux surchargés, pour tenter la traversée. Ceux qui tombent par-dessus bord se noient souvent. La contrebande d'êtres humains entre la Chine et l'Europe est également courante. Les clandestins paient des bandits, qui les entassent dans des camions ou dans les cales de navires, pour de longs voyages parfois fatals.

► Cet immigrant illégal est détenu par la police à Tarifa, sur la côte sud de l'Espagne. Des bateaux affrétés par des criminels traversent fréquemment le détroit de Gibraltar.

Les pirates d'aujourd'hui

La piraterie n'est pas morte. Les pirates très organisés et violents sont lourdement armés ; ils attaquent vaisseaux marchands et yachts de plaisance, terrorisant ou assassinant les équipages avant de voler tout ce qu'ils peuvent. Cette forme de criminalité est de plus en plus répandue en Indonésie, au Bangladesh, au Vietnam, en Inde et au Nigeria, ainsi que dans les ports et fleuves du Brésil.

◀ Dans des pays tels que les Philippines, les villages isolés de la côte abritent parfois des bandes de pirates s'attaquant aux navires de passagers.

Eaux dangereuses

Le détroit de Malacca – mince bras de mer entre l'Indonésie, Singapour et la Malaisie – est la route commerciale la plus dangereuse du monde. Les pirates, qui se dissimulent dans ses nombreuses îles, n'ont que l'embarras du choix : plus du quart des cargaisons maritimes mondiales emprunte chaque année ce passage. Leurs équipages souvent réduits sont facilement maîtrisés par des bandes lourdement armées.

▼ Ces pirates philippins armés de fusils surperpuissants utilisent un canoë à fond plat : il se déplace rapidement et peut naviguer en eaux peu profondes. Les statistiques indiquent que 20 marins ont été tués par des pirates en 2003 dans le monde.

Attaque éclair

Les pirates modernes se dissimulent dans des îlots, d'où ils s'élancent masqués et armés de fusils automatiques, pour surprendre leurs proies. Ils détroussent les pêcheurs locaux et les bateaux de plaisance, aussi bien que les grands navires marchands – faisant main basse sur leur cargaison ou s'emparant du bâtiment afin d'exiger une rançon à l'équipage.

▲ Les grands ports du Brésil, tels Santos (ci-dessus) comptent parmi les plus dangereux du monde, avec ceux d'Indonésie et du Bangladesh. Chaque mois, des denrées illégales ou des cargaisons volées, évaluées à plusieurs millions de dollars, y transitent sous la protection d'officiels corrompus.

Piraterie et corruption

Les gangs les mieux organisés disposent parfois d'informateurs à bord des cargos ou dans les compagnies de fret maritime pour préparer leurs raids. Ils interceptent les courriels et les appels téléphoniques afin de déterminer l'emplacement de leurs proies, le nombre des membres d'équipage, la nature de la cargaison et la route suivie. Il arrive aussi que des agents corrompus de l'administration les aident à dissimuler leur crime, de même qu'à écouler les biens volés.

Attaque en Amazonie

En 2001, la piraterie fluviale fit les gros titres : le célèbre navigateur Sir Peter Blake (1948-2001) fut assassiné par des bandits lors d'une attaque sur le fleuve Amazone, au Brésil.

La chasse aux criminels

Les gardes-côtes se trouvent aux avant-postes de la lutte contre le crime maritime, dont ils s'efforcent de capturer les membres en mer et sur terre. Pour ce travail dangereux, ils disposent de bâtiments bien équipés et d'avions de surveillance. Sur les 140 bateaux fouillés chaque jour aux États-Unis par les gardes-côtes, 16 ont des chargements de drogue très importants.

▲ Chaque année, des quantités de drogue se chiffrant en milliards de dollars sont introduites clandestinement aux États-Unis, dissimulées dans des bateaux et transitant par les ports. La police portuaire est sans cesse à la recherche de cargaisons suspectes. Dans cette descente antidrogue à Miami, en 2003, la police a réalisé une prise importante.

▲ La police portuaire emploie des lunettes à vision nocturne pour repérer les trafiquants la nuit. Cette technologie s'appuie soit sur l'imagerie thermique (qui perçoit la chaleur dégagée par les objets et les gens), soit sur l'accentuation d'image (qui renforce les zones vaguement lumineuses pour les rendre plus visibles). Dans cette photographie aux infrarouges, on voit un suspect traverser un parking avec une valise.

Un travail dangereux

Le travail d'un garde-côte peut se révéler dangereux. Comme par le passé, les trafiquants s'opposent violemment aux agents du gouvernement, allant parfois jusqu'au meurtre. Ces officiers sont donc soigneusement entraînés pour faire face à tout criminel armé tentant d'échapper à son arrestation. Pour être efficace, le travail de la police s'appuie sur des informations, qui proviennent parfois d'agents infiltrés dans les bandes.

Fouilles portuaires

Quand un bateau est soupçonné de transporter une cargaison illégale, les douaniers disposent de différents moyens d'investigation. Ils utilisent par exemple des chiens entraînés à détecter la drogue, ou balaient le bateau avec des détecteurs de radiations et d'explosifs. Pour repérer des passagers clandestins, ils mesurent le niveau de dioxyde de carbone ; un taux élevé peut en effet révéler la présence d'êtres humains dans la cale.

▲ Les hélicoptères de sauvetage sont appelés par les gardes-côtes quand ceux-ci repèrent des immigrants illégaux en difficulté. Les douaniers disposent également d'hélicoptères de surveillance et, dans certains pays, ils comptent des officiers armés prêts à tirer sur les moteurs des bateaux suspects pour les immobiliser.

Bateaux des douanes

Les gardes-côtes se servent de bateaux sur lesquels se trouve souvent une plus petite embarcation, qui leur permet de s'approcher du navire qu'ils désirent inspecter. Ils sont équipés d'ordinateurs puissants servant à la surveillance et à la navigation, de radars de surface, ainsi que d'autres instruments de haute-technologie pour repérer les bateaux en mer.

La police à la rescousse

Outre ces bateaux rapides, la police côtière recourt également à des avions et à des hélicoptères de surveillance pour identifier les bateaux. Les petites embarcations surchargées d'immigrants illégaux sont plus aisément repérables du ciel. Comme elles sont souvent surpeuplées, les conditions de sécurité y sont déplorables : la seule chance de survie des malheureux est parfois précisément cet avion des garde-côtes qui les survole, et va déclencher une opération de sauvetage.

▼ Les chiens détectent la drogue dix fois plus rapidement que les êtres humains. Certains reçoivent un double entraînement : ils repèrent les narcotiques et les êtres humains. Ici, le visage de la femme officier est volontairement flouté pour que les contrebandiers ne puissent pas la reconnaître.

Les chasseurs d'épaves

Avec l'évolution de la technologie sous-marine, d'importantes découvertes de vaisseaux engloutis ont eu lieu ces dernières années. Les archéologues sous-marins les étudient afin de déterminer la cause du naufrage et de comprendre ce qu'était la vie à bord. Certains renferment d'inestimables trésors pour les scientifiques, mais aussi pour des collectionneurs avides : c'est pourquoi de nombreux chasseurs de trésors sous-marins pillent illégalement les épaves.

Repérage d'une épave

Les chercheurs passent d'abord de longues heures à consulter des archives : lettres, journaux de bord et cartes anciennes vont leur permettre de relever des indices sur le lieu d'un naufrage. Il arrive que le navire ait été enseveli ou se soit rompu avant de se disperser sur une large zone.

Puis, pour déterminer son emplacement, les chasseurs d'épave disposent d'équipements spéciaux. Ils quadrillent par exemple les fonds marins à l'aide de magnétomètres pour détecter les objets métalliques et de sonars pour repérer les formes inattendues sur le fond de la mer.

▲ Le journal de bord d'un bateau (image en fond) est un outil précieux pour les chasseurs d'épave. Celui-ci date de 1790.

▼ Non loin des Bahamas, ces plongeurs utilisent des ballons emplis d'air pour remonter à la surface un lourd canon de métal en provenance du vaisseau espagnol *Nuestra Señora de las Maravillas*, datant du 17e siècle.

▶ Une fois l'épave repérée, les plongeurs peuvent commencer leur travail : mesurer, photographier puis dessiner les restes du navire.

Protection de l'épave

Celui qui découvre une épave peut déclarer sien tout ce qu'il y trouve. Mais des chasseurs d'épaves illégaux s'attaquent souvent à des épaves connues pour vider un site de ses trésors, entraînant alors la perte d'informations historiques importantes. De ce fait, les chercheurs d'épave officiels tentent de conserver secret aussi longtemps que possible l'emplacement des sites.

Découverte d'objets

Un relevé du site est tout d'abord établi. Noter exactement où sont trouvés les objets aidera les archéologues à déterminer leur emploi et leur propriétaire. Les plongeurs utilisent des détecteurs pour repérer ces objets ; la vase et le sable sont ensuite aspirés, avant que les objets soient exhumés précautionneusement à mains nues. Les trouvailles sont alors ramenées à la surface et maintenues humides pour éviter toute détérioration.

◀ Ces archéologues sous-marins examinent un ensemble de pièces espagnoles ramenées de l'épave du navire pirate *Whydah*, non loin de Cape Cod, aux États-Unis.

▲ Cette chaussure provient du vaisseau pirate *Whydah*, dont le capitaine était Samuel Bellamy dit « Black Sam » (mort en 1717). Les plongeurs ont également découvert un tibia humain encore revêtu d'un bas de soie.

► Quand l'épave gît en eaux profondes, les plongeurs ont alors recours à des engins submersibles. Le *Titanic*, qui a coulé en Atlantique nord en 1912, illustre parfaitement cette situation. Il repose à une profondeur de 4 km environ, là où seuls des sous-marins pilotés par l'homme peuvent l'atteindre. Ici, le submersible russe *Mir I*, de retour d'une exploration du *Titanic*.

Préservation

La préservation et la restauration des pièces récupérés dans une épave prennent de nombreuses années et requièrent de la patience. Le bois doit être nettoyé plusieurs fois pour ôter le sel de mer. Il est ensuite débarassé de toutes impuretés et autres coquillages, puis enduit de produits chimiques pour empêcher la putréfaction. Pour stopper le processus de corrosion, les objets métalliques sont placés dans un récipient d'eau traversé d'un courant électrique.

Mode en mer

La première épave de vaisseau pirate jamais découverte et explorée fut celle du *Whydah*, qui sombra près de la côte est des États-Unis lors d'une tempête en 1717. Parmi les trésors remontés à la surface, on compte des milliers de pièces… et aussi des effets personnels (boucles de ceinture, boutons, joyaux…), qui nous renseignent sur la vie des pirates à bord.

Trésors submergés

Depuis la découverte du *Whydah* en 1984, d'autres vaisseaux pirates importants ont été repérés. Les chasseurs d'épaves ont ainsi localisé sur la côte des États-Unis les navires appartenant au capitaine Morgan et à Barbe-Noire. En 1996, une épave – on pense qu'il s'agit d'un vaisseau pirate barbaresque – fut découverte près de Salcombe Bay après que quelques pièces arabes se furent échouées sur une plage au sud de l'Angleterre. Peut-être ce navire était-il en route pour enlever des habitants de la côte ?

◄ Les éléments de ce trésor, désormais au British Museum à Londres, furent récupérés par des plongeurs sur les fonds marins de Salcombe Bay. La collection comporte en tout 400 pièces d'or, des fragments de poterie, des bijoux en or et le sceau d'un marchand. On ignore l'identité du vaisseau, mais il pourrait s'agir d'un navire pirate barbaresque.

IMPORTANT À RETENIR ! CONTREBANDE ET PIRATERIE CONTEMPORAINES

Internationalisation
Dans le passé, la contrebande était le fait de bandes locales cherchant à éviter de payer les taxes gouvernementales. Aujourd'hui, les trafiquants sont des criminels organisés disposant de contacts dans le monde entier. Les polices internationales collaborent elles aussi pour enrayer leurs activités. Le trafic d'êtres humains, de drogue et d'animaux sauvages entraîne des cruautés et des violences à plus grande échelle qu'autrefois. Les pirates d'aujourd'hui peuvent être des pêcheurs locaux complétant leurs revenus, mais aussi des bandes criminelles.

Crime et technologie
De nos jours, les pirates et les trafiquants recourent à des technologies modernes : jumelles à vision nocturne et systèmes de navigation par satellite. Ils se servent des armes dernier cri et de bateaux ultrarapides. Les autorités qui leur donnent la chasse doivent elles-mêmes s'équiper pour les prendre de vitesse. Les gouvernements dépensent d'importantes sommes en patrouilles de garde-côtes et fouilles de navires.

Découvertes et technologies
Les archéologues sous-marins utilisent les dernières avancées technologiques dans leurs remarquables découvertes. Ils font revivre les histoires du passé en ramenant à la surface des objets anciens. Leurs fascinantes trouvailles nous renseignent de manière détaillée sur la vie dangereuse et souvent brutale des pirates et des contrebandiers d'autrefois.

Ce petit sous-marin fut utilisé par les trafiquants de drogue colombiens dans les années 1990.

DÉCOUVERTE +

... sur la Convention sur le commerce international des espèces de **Faune et de Flore sauvage menacées d'extinction** : www.cites.org/fra

... **sur l'histoire et les musées de la douane** :
www.douane.gouv.fr

... **sur les espèces animales menacées**, un portail de sites francophones :
www.inra.fr/dpenv/anip.htm

... le site officiel du **Fonds mondial pour la nature** (WWF) :
www.wwf.fr

... **un magazine dédié aux rapports entre l'Homme et la Terre** :
www.humaterra.net

Le marin-contrôleur des douanes surveille l'ensemble de la navigation et participe à des opérations de recherche, d'assistance et de sauvetage en mer.

Le douanier combat la contrebande en fouillant les individus, les véhicules et les cargaisons dans les ports et les aéroports.

Le plongeur plonge dans l'océan, éventuellement sur des sites historiques de naufrage.

Le sauveteur en mer assure le sauvetage des vaisseaux et des marins en difficulté.

L'océanographe étudie les océans, dont la vie marine et les fonds marins.

À visiter :
Des sites d'archéologie sous-marine du littoral français ou de rivages lointains, de toutes époques :
www.archeologie-sous-marine.culture.fr

L'Alcatraz dans la baie de San Francisco : c'est le plus célèbre pénitencier des États-Unis où fut emprisonné Al Capone.
Plus de détails sur :
www.visite-usa.com/villes/sfo-alcatraz.htm

L'Institut océanographique
195, rue Saint-Jacques
75005 Paris
Tél. : 01 44 32 10 70

Glossaire

◄ ► Deux navires s'affrontent à boulets rouges dans le film *L'Île aux pirates*, 1995.

Âge d'or
Période qui s'étend entre environ 1690 et 1730, quand la piraterie était très répandue et très lucrative sur les côtes des Amériques et dans l'océan Indien.

Barbaresques
Pirates musulmans des côtes de l'Afrique du Nord.

Beaupré
Long vergue située à l'avant d'un vaisseau.

Boucanier
Pirate qui attaquait les vaisseaux espagnols dans les Caraïbes, au cours du 17e siècle.

Caraïbes
Colonies espagnoles des Antilles, de l'Amérique centrale et des rivages de l'Amérique du sud.

Carénage
Nettoyage de la coque d'un vaisseau.

Cargaison
Biens transportés par un vaisseau.

Code des pirates
Liste de règles de conduite que respectaient les équipages de pirates.

Contrebande
Trafic de biens importés de manière illégale.

Contrebandier
Individu qui enfreint la loi en transportant des denrées ou des personnes de manière secrète d'un pays dans un autre.

Coque
Enveloppe extérieure d'un vaisseau.

Corsaire
Marin ayant reçu du gouvernement d'un pays l'autorisation d'attaquer les vaisseaux de l'ennemi. Terme qui désigne parfois, de manière impropre, les pirates.

Danse du chanvre
Surnom que les pirates donnaient à la pendaison.

Doublon
Pièce d'or espagnole.

Empire ottoman
Empire turc qui régna du 13e siècle à 1923 sur des parties de l'Europe, de l'Afrique et de l'Asie.

Gabelle
Impôt taxant le sel avant la Révolution, en France.

Gaillard
Arrière-pont surélevé à l'arrière d'un vaisseau.

Gaillard d'avant
Partie du pont située à l'avant du navire.

Galère
Vaisseau évoluant à la voile et à la rame ; par extension bancs de rameurs de ces vaisseaux.

Galion
Gros vaisseau marchand, lourd et lent, utilisé par les Espagnols entre les 16e et 17e siècles.

Gardes-côtes
Police côtière et services de sauvetage.

Gréement
Ensemble des voiles, mâts et cordages sur un navire à voile.

Hors-bord
Bateaux rapides dont le moteur est placé en-dehors de la coque.

Jonque
Bateau asiatique aux voiles composées de nattes de bambou.

Lettre de marque
Autorisation officielle donnée à un marin pour attaquer des navires ennemis. Voir *Corsaire*.

Magnétomètre
Instrument mesurant le champ magnétique d'un objet. On l'utilise sous l'eau pour détecter des objets métalliques enfouis dans les fonds marins.

Mousquet
Ancêtre du fusil doté d'un long canon.

Mutinerie
Rébellion contre l'autorité en place. Dans une mutinerie maritime, les marins s'emparent du pouvoir.

Opium
Drogue tirée des graines de la fleur du pavot.

Oppression politique
Mauvais traitements auxquels est soumis un individu du fait de ses convictions politiques.

Passeurs de rhum
Contrebandiers d'alcool aux États-Unis, durant les années de la Prohibition.

Ponton
Vieux vaisseau utilisé comme prison.

Poupe
Arrière d'un navire

Prohibition
Loi bannissant la vente de l'alcool aux États-Unis, durant les années 1920. Elle renforça la contrebande.

Radar
Système de détection d'objets par signaux radio.

Sabre d'abordage
Courte épée à large lame.

Scorbut
Affection de la peau et des gencives causée par l'absence de vitamine C dans le régime alimentaire. On le prévient en consommant des agrumes.

Sloop
Petit vaisseau rapide à un mât et une voile triangulaire.

Sonar
Système recourant à des signaux sonores pour mesurer la profondeur d'un objet dans l'eau.

Taxe
Impôt levé par un gouvernement sur certaines marchandises (alcool, tabac...) importées d'autres pays.

Tournée du pirate
Trajet menant des Amériques à l'Afrique occidentale puis à l'océan Indien avant de revenir au point de départ.

Vikings
Guerriers scandinaves qui envahirent l'Europe entre les 8e et 11e siècles.

Index

Remerciements

L'éditeur tient à remercier les personnes et organismes suivants de l'autorisation de reproduire leur documentation. Tous les efforts ont été faits pour identifier les détenteurs de copyright. L'éditeur s'engage à procéder à toute rectification nécessaire dans les éditions à venir en cas d'omission involontaire ou d'impossibilité à identifier ces personnes dont il aura été informé.

Légende : *b* = bas; *c* = centre; *g* = gauche; *d* = droite; *h* = haut.

Couverture *l* Corbis/Joel W. Rogers; couverture *c* Corbis/Archivo Iconografico, S.A.; couverture *d* Getty Hulton; page 1 Mary Evans Picture Library; 2-3 *The Buccaneers*, de Frederick Judd Waugh (1861-1940)/Private Collection/www.bridgeman.co.uk; 4-5 Corbis/Michael S. Yamashita; 7*b* akg-images/Gilles Mermet; 8*bg* Ancient Art and Architecture Collection Ltd; 8-9*hc* akg-images/Erich Lessing; 11*bd* akg-images; 12*hd* Corbis/Christie's Images; 12*bg* The Art Archive; 12-13*b* National Maritime Museum, London; 14*bg* Ancient Art & Architecture Collection Ltd; 15*hd* Mary Evans Picture Library; 14-15*b* Corbis/Bettmann; 16*hg* Corbis/Richard T. Nowitz; 16-17 Mary Evans Picture Library; 17*hg* The Art Archive/Museo Regional de Oaxaca Mexico/Dagli Orti; 17*hd* Mary Evans Picture Library; 18*hg* akg-images/British Library; 19*h* Rex/Percy Hatchman; 20*bg* Mary Evans Picture Library; 20*hd* Heritage-Images/The British Library; 21 Mary Evans Picture Library; 22*bg* Tina Chambers © Dorling Kindersley; 23*bd* Hulton Archive/Getty Images; 24*hd* Corbis/Bettmann; 24*bg* Rex/C. W. Disney/Everett (EVT); 25*b* Corbis/Bettmann; 27*hd* akg-images; 27*bd* Still Pictures/Benny Odeur; 28-29*b* Mary Evans Picture Library; 29*hd* Corbis/The Mariners'Museum; 28*hd* Topfoto/British Museum/HIP; 30*bg* Corbis/Bettmann; 30*hd* akg-images/Touchstone Pictures/Album; 31*cg* akg-images; 31*d* Corbis; 32-33*b* Howard Pyle, *Marooned*, 1909, Huile sur toile, Delaware Art Museum DAM #1912-936; 32*hg* National Maritime Museum, London; 32*bd* akg-images; 32*cd* Heritage-Images/The Board of Trustees of the Armouries; 33*cg* The Art Archive/Galleria Estense, Modena/Dagli Orti; 33*d* The Art Archive; 34-35 National Maritime Museum, London; 35*hd* Corbis/Asian Art & Archaeology, Inc.; 35*bd* Corbis/Stapleton Collection; 36-37*b* The Art Archive/Château de Blerancourt/Dagli Orti; 36*hd* Corbis/John Springer Collection; 37*bd* akg-images/Arco Films/Balcazar Prod./Edic/Rialto Films/Album; 38*bg* National Maritime Museum, London; 39*hg* Heritage-Images/The National Archives; 39*b* Topfoto; 40*hg* akg-images; 40-41*b* akg-images; 41*hd* Mary Evans Picture Library; 42*hg* Alamy/Doug Steley; 43*h* Corbis/Peter Turnley; 44*hd* Mary Evans Picture Library; 44*bg* Corbis/Bettmann; 45*hd* Corbis/Bettmann; 45*b* Corbis; 46*hg* Topfoto/PA; 47 Topfoto/PA; 48*hd* Corbis/Martin Harvey; 48*bg* Corbis/Robert Maass; 49*hd* Topfoto/Imageworks; 49*bd* Corbis/Kevin Schafer; 50*b* Corbis Sygma/Fort Lauderdale Sen; 50*cd* Rex/Sipa Press (SIPA); 51 Corbis/Reuters; 52*cg* Corbis/Albrecht G. Schaefer; 52-53*c* Moreau Jean-Luc/Gamma/Katz; 53*hd* Corbis/Ricardo Azoury; 54*bg* Alamy/3C Stock; 54*hd* Topfoto/Imageworks; 55*hd* Alamy/Iain Davidson Photographic; 55*bd* Rex/Lewis Durham; 56*h* Topfoto/Public Records Office/HIP; 56*b* Corbis/Jeffrey L. Rotman; 56-57 *(fond)* Topfoto/Public Records Office/HIP; 57*d* Alamy/Fabrice Bettex; 57*bg* Corbis/Richard T. Nowitz; 58*hg* Getty Images/Time Life Pictures; 58*hd* Corbis/Ralph White; 58*bg* Heritage Images/The British Museum; 59*cd* Corbis/Rob Howard; 60*l* akg-images/Cutthroat Productions/David James/Album; 61*d* akg-images/Cutthroat Productions/David James/Album; 62-63 *(fond)* Ancient Art & Architecture Collection Ltd; 64*b* Mary Evans Picture Library

L'éditeur remercie de même les illustrateurs suivants :
Steve Weston (Linden Artists) 8-9*b*, 10-11, 26*tl*, 26-27; Encompass Graphics 22-23, 25*tr*, 46*b*

L'éditeur remercie enfin Ian Harvey pour son travail de recherche.

Équipage de Barbe-Noire.